大好きな
本と
出合う!

小学生のための読書案内

世界が広がる＆
ココロが豊かになる250冊

45のテーマで、
楽しい本の世界へ
子どもたちの「もっと読みたい！」にこたえる

［監修］
日本児童文芸家協会 理事長
山本省三

メイツ出版

はじめに

本という魔法の翼にのって

本は、わたしたちを遠い見知らぬ国や未来や過去へ、宇宙の果てから深い海の底へも、さらにあるのか誰も知らない世界さえへも連れて行ってくれます。夢の中や人の心の内にだって入りこむことができます。本の中で行けないところはありません。

まさに本は魔法の翼です。では、この本という魔法の翼にのって旅をし、得るものは何でしょう。それは、豊かな知識と想像力というたからものです。

そして、子どもたちにとって、このたからものは、心の中にしっかり貯めこまれ、歩みはじめた人生のそこかしこで、光となって、足もとを照らしてくれるはずです。さらに遠くで輝きを放って、子どもたちを導いてくれることもあるでしょう。

こんなすばらしい翼が身近にある幸せを、子どもたちに十分味わってもらいたいとの思いをこめて、この本を作りました。

ここにあげた250冊の本は、しかし魔法の翼のほんの一部でしかありません。ですから、この中のひとつの翼にのって旅立ち、他にもたくさんある心のたからものをぜひ見つけに行ってください。

この本が、すばらしい本の旅のガイドブックになることを願っています。

山本省三

この本のマークの見方

何歳になっても絵本はやっぱり楽しいね

スイミー ちいさな かしこい さかなの はなし

小さな魚スイミーの
知恵と勇気が
やがて大きな力に。
美しい絵とともに
じっくりと楽しみたい名作。

●作／レオ・レオニ ●訳／谷川俊太郎 ●好学社

絵もお話も素敵。息子も低学年の頃、よく読んでいたわ。短い文章なのに、スイミーの気持ちが痛いほど伝わってくるよ。

兄弟をなくしたスイミーは、様々な海の生きものと出会う。

本好き親子隊 オススメ！
レオ・レオニの絵本には
●「アレクサンダと ぜんまいねずみ」
●「せかいいちおおきなうち」
●「ひとあし ひとあし」
●「フレデリック」
（いずれも好学社）など

小さな赤い魚の兄弟たちと暮らす小さな黒い魚のスイミー。ある日、大きな魚に兄弟たちがみんな食べられてしまいます。スイミーは悲しみますが、様々な海の生きものと出会ううちに少しずつ元気を取り戻します。やがて、兄弟たちに似た小さな魚の群れに出会うのですが、魚たちは大きな魚を恐れて身を隠して暮らしていました。そこでスイミーが考えたのは…。

小さな魚たちの勇気がひとつとなり、大きな力が生まれる瞬間は感動的。シンプルで読みやすい文章が、美しい絵を引き立てています。

対象学年
1・2・3年生
絵本
読み聞かせ
読書感想文

8

関連本のご紹介

ご紹介している本に関連するテーマや作者の本、シリーズなどをご紹介しています。ぜひあわせて読んでみてください。

対象学年

この本を楽しめる学年の目安です。特におすすめの学年はオレンジ色で表しています。

ジャンル

絵本
小学生が楽しめる内容の絵本。

読み物
文章を読んで楽しめる本。文学、ファンタジー、ノンフィクションなど。

言葉
詩、ことわざ、早口言葉など、言葉遊びで言葉の楽しさを味わえる本。

知識
動物、生きもの、宇宙、自然など、いろいろな知識を楽しく学べる本。

選びポイント

「読み聞かせ」「読書感想文」「音読」に向いている本には表記。本選びのポイントにしてください。

オススメポイントのコメント
オススメ本をセレクトした
本好き親子隊のママたち

えりママ
泣ける本、笑える本によくハマる。息子の読書感想文にはちょっとうるさい母。

きょうこママ
絵本大好きママ。名作から新作まで何でも任せて！娘への読み聞かせが日課。

じなママ
息子ふたり。揃えた絵本&児童書は800冊以上。小学校で読み聞かせ活動も。

あきこママ
娘ひとり。娘より児童書に夢中になってしまうタイプ。古典的な作品が好き。

※ご紹介している本のなかには、品薄・増刷未定のものなども含みます。公共図書館などもご活用ください。

もくじ

スイミー ちいさな かしこい さかなの はなし

小さな魚スイミーの
知恵と勇気が
やがて大きな力に。
美しい絵とともに
じっくりと楽しみたい名作。

●作／レオ・レオニ ●訳／谷川俊太郎 ●好学社

絵もお話も素敵。息子も低学年の頃、よく読んでいたわ。短い文章なのに、スイミーの気持ちが痛いほど伝わってくるよ。

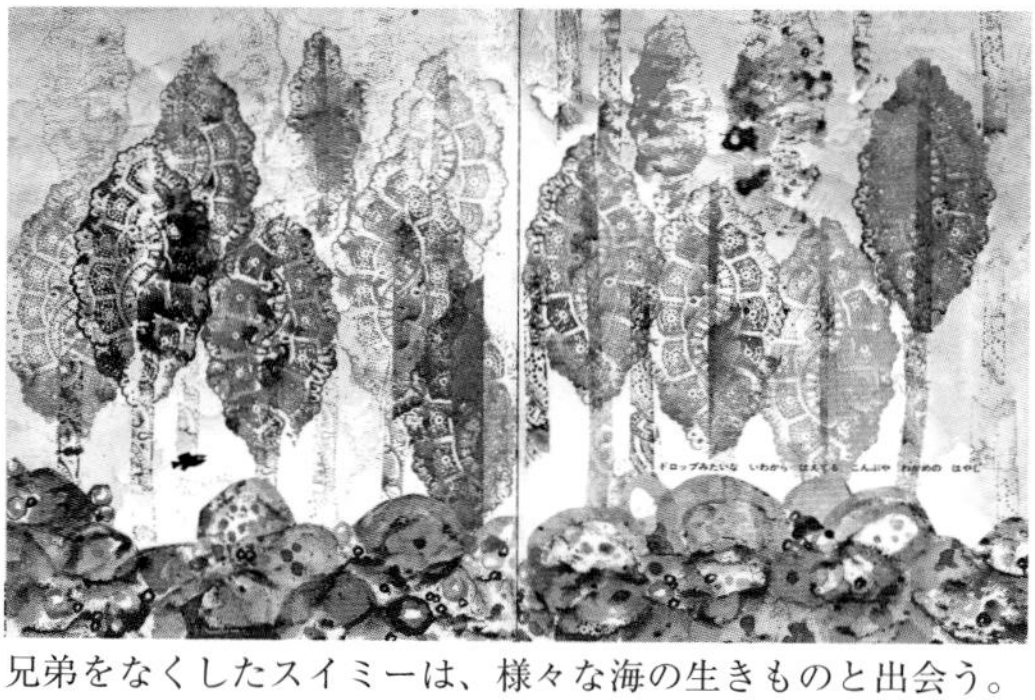

兄弟をなくしたスイミーは、様々な海の生きものと出会う。

本好き親子隊 オススメ！

レオ・レオニの絵本には

- 『アレクサンダと ぜんまいねずみ』
- 『せかいいちおおきなうち』
- 『ひとあし ひとあし』
- 『フレデリック』

（いずれも好学社）など

小さな赤い魚の兄弟たちと暮らす小さな黒い魚のスイミー。ある日、大きな魚に兄弟たちがみんな食べられてしまいます。スイミーは悲しみますが、様々な海の生きものと出会ううちに少しずつ元気を取り戻します。やがて、兄弟たちに似た小さな魚の群れに出会うのですが、魚たちは大きな魚を恐れて身を隠して暮らしていました。そこでスイミーが考えたのは…。

小さな魚たちの勇気がひとつとなり、大きな力が生まれる瞬間は感動的。シンプルで読みやすい文章が、美しい絵を引き立てています。

対象学年
1・2・3年生

- 絵本
- 読み聞かせ
- 読書感想文

きつねのスケート

笑いあり！　涙もあり！
何度読んでもほろっとします。

●文／ゆもとかずみ　●絵／ほりかわりまこ　●徳間書店

対象学年
2・3・4年生
●読み物
●読み聞かせ

いたずらばかりするきつね。もうひとりの主人公であるのねずみは、きつねにつかまって縛られてしまいますが、しだいにお互いがかけがえのない存在になっていきます。最大の見どころは表題作にもあるように、きつねがスケート靴を履いて湖を渡ってくる場面。
ほりかわ氏の描く、きつねとのねずみのちょっぴり脱力系の絵もこの物語にぴったりです。

本好き親子隊オススメ！
ゆもとかずみの本には
●『くまとやまねこ』（河出書房新社）
●『春のオルガン』（徳間書店）
●『ポプラの秋』（新潮社）
●『魔女と森の友だち』（理論社）など

急行「北極号」

クリスマスイブに起こる奇跡。
親子で読んでほしい絵本。

●絵・文／C.V.オールズバーグ　●訳／村上春樹　●あすなろ書房

対象学年
4・5・6年生
●絵本
●読み聞かせ

クリスマスイブに、サンタを待つ少年が体験する不思議な旅を描いた絵本。最初から終わりまで色調を抑えて描かれた絵が、神秘的で幻想的な世界をより際立たせています。クリスマスが特別で待ち遠しい、そんな気分にさせてくれます。
低学年からでも読めますが、主人公の少年のようにサンタを信じなくなりそうな高学年の子どもたちにおすすめです。

本好き親子隊オススメ！
C.V.オールズバーグの絵本には
●『いまいましい石』（河出書房新社）
●『ジュマンジ』（ほるぷ出版）
●『2ひきのいけないアリ』（あすなろ書房）
●『魔法のホウキ』（河出書房新社）
●『ゆめのおはなし』（徳間書店）など

100かいだてのいえ

次はどんな部屋かな？
縦に開いて大迫力のシリーズ。

●作／いわいとしお　●偕成社

対象学年
1・2年生
●
絵本

100階建て家の最上階に住んでいる誰かから、「遊びに来てね」と手紙をもらったトチ君は、地図を片手に訪ねて行きます。空まで届きそうな高い建物の最上階を目指して中を進んでいくと、どうやらこの建物には10階ごとに違う動物が住んでいるみたい。縦に使われた見開きに、各階ごとの動物たちの暮らしが細かく描かれ、何度見てもワクワクします。

本好き親子隊 オススメ！
この本のシリーズには
●『ちか100かいだてのいえ』
●『そらの100かいだてのいえ』
●『ぬまの100かいだてのいえ』
（いずれも偕成社）など

手ぶくろを買いに

優しい物語と
幻想的な絵が心にしみる。

●作／新美南吉　●絵／黒井健　●偕成社

対象学年
1・2・3年生
●
絵本
●
読み聞かせ
●
読書感想文

寒い冬、母ぎつねは冷たくなった子ぎつねの手にあう毛糸の手袋を買ってやろうと思います。けれど人間が怖い母ぎつねは、しかたなく子ぎつねをひとりで町へ行かすことに…。無邪気な子ぎつねと母ぎつねの深い愛情、店の人の心遣いなど、物語全体に優しさが漂い、読み手も温かい気持ちになります。また幻想的な絵からきれいな雪景色が伝わってくるよう。

本好き親子隊 オススメ！
新美南吉の本には
●『がちょうのたんじょうび』
（にっけん教育出版社）
●『ごんぎつね』（偕成社）
●『２ひきのかえる』（理論社）
●『花のき村と盗人たち』（小学館）など

うそつきのつき

ダジャレが絵本に！
ゲラゲラと笑ってしまう。

●作／内田麟太郎　●絵／荒井良二　●文溪堂

対象学年
3・4年生
● 絵本
● 読み聞かせ

本好き親子隊 オススメ！

内田麟太郎の本には
●『さかさまライオン』（童心社）
●『ぶす』狂言えほんシリーズ（ポプラ社）など

荒井良二の本には
●『きょうはそらにまるいつき』（偕成社）
●『十二支のはじまり』（小学館）など

絵 本に登場するおじさんは何があっても笑いません。面白いダジャレとそのダジャレを忠実に描かれた絵を見ても、無表情のままのおじさん。でも、読み手のほうは耐えられずにゲラゲラと笑ってしまうはず。

この本の魅力は単にダジャレの本ではなく、物語としてもきちんとオチがあります。「なるほど」と思わせるその結末には、大人も楽しめます。

まいごのどんぐり

男の子とどんぐりの友情に
思わず胸が熱くなる！

●作／松成真理子　●童心社

対象学年
1・2年生
● 絵本
● 読み聞かせ
● 読書感想文

本好き親子隊 オススメ！

松成真理子の絵本には
●『こいぬのこん』（Gakken）
●『じいじのさくら山』（白泉社）
●『たなばたまつり』（講談社）など

コウくんと、コウくんのお気に入りのどんぐり・ケーキの心の交流を、ケーキの目線で語った心温まるお話です。毎日どんぐりと遊ぶコウくん。ある日、ケーキはコウくんのかばんから落ちてしまい迷子に。必死で探すコウくんですが、ケーキは見つけてもらえず、やがて冬がきて…。コウくんを見守るケーキの優しい眼差しが、生き生きと描かれています。

天山の巫女ソニン

一 黄金の燕

落ちこぼれ巫女ソニンが
巻き起こす奇跡にドキドキ。
勇気や希望がいっぱいの
壮大なファンタジー！

●作／菅野雪虫　●講談社

天山《てんざん》の巫女《みこ》ソニン
一 黄金の燕
菅野雪虫

大人でもハマれる！私は一気に５巻を読破。読みやすい文章で、主人公がいつも元気で明るいところが気持ちいいね。

シリーズものながら、やわらかい語り口で読みやすいので、はじめてのファンタジーやシリーズものとしておすすめです。

落ちこぼれの巫女と言われ、天山をおり、下界で生きることになったソニン。12年ぶりに家族との温かい生活に戻ったのもつかの間、ひょんなことからお城で王子様につかえることになります。そこでソニンは3つの国を知り、そこに生きる人々と交わり、悩み・悲しみ・希望・喜びを実感しながら成長していきます。ソニンの正直でまっすぐな生き方が清々しく、爽快な物語です。

この作品は全5巻のシリーズです。シリーズを通してソニンが大きく成長していく姿も見どころのひとつです。

対象学年
5・6年生
●
読み物

本好き親子隊 オススメ！

この本のシリーズには

- 『天山の巫女ソニン 二 海の孔雀』
- 『天山の巫女ソニン 三 朱烏の星』
- 『天山の巫女ソニン 四 夢の白鷺』
- 『天山の巫女ソニン 五 大地の翼』

（いずれも講談社）

ぞくぞく村のミイラのラムさん

ミイラが包帯を取った姿って!?
ユーモアいっぱいのお話。

●作／末吉暁子　●絵／垂石眞子　●あかね書房

対象学年
3・4年生
●
読み物

ミイラのラムさんはお風呂が大好き。でも包帯をほどいたり、巻いたりするのが大変なので、週に一度のお楽しみだそう。太ってしまった奥さんのために新しい包帯を買いに出かけたものの、どこかで失くしてしまい、村中を探すことに。

ラムさんの入浴シーンや村に住んでいるユニークな妖怪たちとのやりとりなど、次々と面白い場面が登場します。

本好き親子隊 オススメ！

この本のシリーズには

●『ぞくぞく村の魔女のオバタン』
●『ぞくぞく村のちびっこおばけグー・スー・ピー』
●『ぞくぞく村の妖精レロレロ』
（いずれもあかね書房）など

それいけズッコケ三人組

面白くてためになる
人気シリーズの第1弾!!

●作／那須正幹　●絵／前川かずお　●ポプラ社

対象学年
3・4年生
●
読み物

ハチベエ、ハカセ、モーちゃんの3人が、とっぴな出来事に巻きこまれながらも解決していく、ユーモアいっぱいのお話。強盗や万引き、クイズ番組でのカンニングなどをテーマにしているものの、3人の冒険心や友情を盛りこんで面白く描いたストーリーにいつの間にか引きこまれていきます。

どのシリーズも笑いの後にほろりとした気持ちになります。

本好き親子隊 オススメ！

この本のシリーズには

●『ズッコケ㊙大作戦』
●『あやうしズッコケ探険隊』
●『ズッコケ心霊学入門』
●『ズッコケ三人組の卒業式』（いずれもポプラ社）など

サッカーボーイズ 再会のグラウンド

はらだ みずき
サッカーボーイズ
Soccer Boys
再会のグラウンド
角川文庫

サッカー少年だったら
誰もがわかる気持ちを
リアルに描いた
熱くてせつない青春スポーツシリーズ。

●作／はらだみずき　●KADOKAWA

中学生編や高校生編は、小学生には早い内容？と思いきや、読み出したらとまりません。小学生でも読みやすいですよ。
サッカーをあまり知らない人やスポーツをやっていない人にも楽しめます！　挫折も経験のひとつ、成長のきっかけ！

本好き親子隊 オススメ！

スポーツ好きにおすすめの本には
●『一瞬の風になれ』全３巻（講談社）
●『DIVE!!』上・下（KADOKAWA）
など

対象学年
5・6年生
● 読み物
● 読書感想文

小学6年生の遼介は地元のサッカーチームに入っています。しかし、キャプテンの座を奪われ、トレセンのメンバーからも外され、しだいにサッカーへのやる気が失われていきます。スポーツに情熱を傾ける少年なら誰しもが体験するであろう挫折や他人に対する嫉妬のような感情。それらを克服し、また前を向き始めることを上手に促してくれる内容です。

小学生編、中学生編、高校生編というように彼らの成長に合わせて巻が進んでいきます。支えるコーチや家族の心情までもがリアリティに溢れています。

水の精霊 第Ⅰ部 幻の民

神話や神道をテーマにした壮大なファンタジー小説。

●作／横山充男　●ポプラ社

対象学年
5・6年生
● 読み物
● 読書感想文

本好き親子隊 オススメ！
この本のシリーズには
●『水の精霊 第Ⅱ部 赤光』
●『水の精霊 第Ⅲ部 呪術呪法』
●『水の精霊 第Ⅳ部 ふた咲きの花』（いずれもポプラ社）

幻の民「セゴシ」一族の末裔を描いた長編小説。セゴシの血を引く14歳の真人は、成人の儀式を受けるため、四万十川へ向かいます。祖父と山や川で〝ミズチ〟という行を体験していく中で、真人は自分の中に潜んでいた力に目覚めていきます。

　四万十川周辺の様子が鮮明に描かれ、その地でミズチを体験しているような気持ちに。

精霊の守り人

冒険ファンタジーの金字塔。読み始めたら止まらない！

●作／上橋菜穂子　●絵／二木真希子　●偕成社

対象学年
4・5・6年生
● 読み物
● 読書感想文

本好き親子隊 オススメ！
この本のシリーズには
●『闇の守り人』
●『夢の守り人』
●『虚空の旅人』
●『神の守り人』（いずれも偕成社）など

精霊と人が混在する世界を舞台に、女用心棒バルサがひょんなことから新ヨゴ皇国の皇子チャグムを助け、彼を守るために奮闘する冒険物語です。

　体に精霊の卵が宿ったことで、妖に魅入られた王子として父帝から命を狙われるチャグムを、常人離れした短槍の腕と強靭な精神力を持つバルサが守ります。ふたりの間に徐々に築かれる信頼関係も読みどころです。

星の王子さま

世界中が愛してやまない
心に残る美しいストーリー。
読むたびに新しい発見や感動があり
子どもと一緒に
読んでほしい本のひとつ。

●作／サン＝テグジュペリ　●訳／内藤濯　●岩波書店

対象学年
4・5・6年生
●読み物
●読書感想文

世界中の人々に愛され続ける美しくもはかない、永遠の名作。

砂漠に不時着した孤独な飛行士は、小さな星の王子さまに出会います。ふたりの触れあいを通して描き出される純粋で切ないストーリーは、生きる意味を問いかけ、「大切なものは目には見えない」ということを教えてくれます。

大人がこの本を読むといろいろと考えさせられますが、子どもはもっと純粋にきらきらとした美しい物語を楽しむようです。作者自らが描いた繊細な挿絵も素敵です。

久しぶりに読んでも楽しめたわ。年齢によって、感じ方が変わる本なので、折りにふれて、何度でも読んでほしいかな。

大人になっても繰り返し読みたくなる本です。私もふと読みたくなるときがあり、素敵な本は年齢に関係なく感動します。

本好き親子隊 オススメ！

サン＝テグジュペリの本には
●『絵本星の王子さま』(集英社)
●『人間の土地』(新潮社)
●『夜間飛行』(光文社)など

チョコレート戦争

初版から50年近くも親しまれている名作。

●作／大石真　●絵／北田卓史　●理論社

対象学年
3・4年生
●
読み物
●
読書感想文

本好き親子隊 オススメ！

人気のロングセラーの本には
●『エルマーのぼうけん』(福音館書店)
●『ふたりはともだち』(文化出版局)
●『ベロだしチョンマ』(理論社)
●『モモ』(岩波書店)など

光　一と明が学校の帰り道に、洋菓子店金泉堂のショーウィンドーのお城のケーキを眺めていると、突然ショーウィンドーが割れてしまいます。犯人扱いされてしまった彼らは怒って金泉堂の主人に仕返しを考えます。大人VS子どもの戦争という構図で、テンポよく物語が展開していきます。

ハラハラする大どんでん返しも見どころです。

大どろぼうホッツェンプロッツ

スリルとユーモア溢れる誰もが好きになるお話。

●作／プロイスラー　●訳／中村浩三　●偕成社

対象学年
3・4年生
●
読み物
●
読書感想文

本好き親子隊 オススメ！

この本のシリーズには
●『大どろぼうホッツェンプロッツ ふたたびあらわる』
●『大どろぼうホッツェンプロッツ 三たびあらわる』(いずれも偕成社)

カ　スパールとゼッペル少年がおばあさんのコーヒーひきを奪った大どろぼうホッツェンプロッツを相手に奮闘するお話。ハラハラする内容とは対照的に、カスパールがわざと何度も大魔法使いの名前を間違えたり、大魔法使いなのにじゃがいもの皮がむけなかったりなど、愉快なシーンが目白押し。キャラクターすべてが個性的でとにかく面白い一冊です。

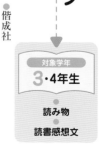

クローディアの秘密

美術館に家出した少女の
自分探しの旅に一緒に出よう。

●作／E．L．カニグズバーグ　●訳／松永ふみ子　●岩波書店

対象学年
5・6年生
● 読み物
● 読書感想文

退屈な毎日にうんざりしていた少女クローディアは、ある日弟のジェイミーと家出をします。行き先はニューヨークの美術館。ふたりはそこで魅力的な天使の像と出会い、その謎解きに夢中になります。

知的で豊かな表現とユニークなストーリーで、読者をあきさせません。ちょうど自分探しの冒険がしたくなる、小学校高学年の子どもにぴったりのお話。

本好き親子隊 オススメ！

E.L.カニグズバーグの本には
- 『ティーパーティーの謎』
- 『ドラゴンをさがせ』
- 『ぼくと<ジョージ>』
- 『魔女ジェニファとわたし』
（いずれも岩波書店）など

コロボックル物語① だれも知らない小さな国

読み終わるとつい、かばんの中や
ポケットの中を探したくなる…。

●作／佐藤さとる　●講談社

対象学年
5・6年生
● 読み物

偶然みつけた誰も知らないぼくだけの場所、小山。ある日、小山に伝わる小人たちの話を聞き、ぼくの胸は高なります。けれども、小人たちはなかなか姿を見せません。そして、物語はぼくが大人になってから急展開します。

こんな世界があったらいいなと、どんどん空想が広がります。読み終わった後にほっとするこちよさと余韻が味わえます。

本好き親子隊 オススメ！

この本のシリーズには
- 『② 豆つぶほどの小さないぬ』
- 『③ 星からおちた小さな人』
- 『④ ふしぎな目をした男の子』
- 『⑤ 小さな国のつづきの話』（いずれも講談社）など

大きな森の小さな家

自然とともに暮らす厳しさと楽しさがつまった傑作童話。

●作／ローラ・インガルス・ワイルダー　●絵／ガーズ・ウィリアムズ　●訳／恩地三保子　●福音館書店

対象学年
5・6年生
●読み物
●読書感想文

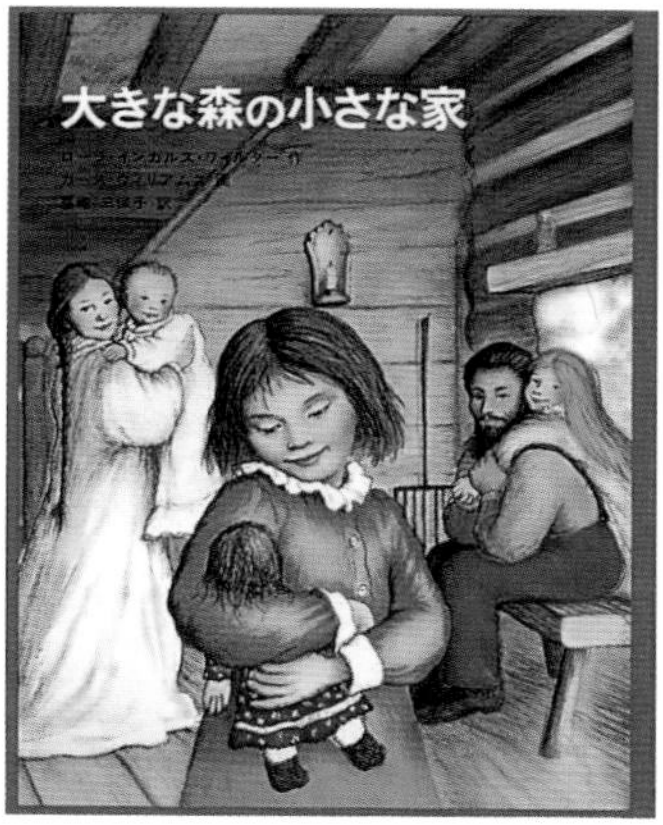

アメリカのウィスコンシン州にある大きな森に、丸太で作った小さな家がありました。そこには小さな女の子ローラと家族が大自然とともに暮らしていました。TVドラマにもなった、このお話は作家の自伝的な物語。自然の厳しさを感じながらも、日用品雑貨や食べ物などを手作りするシーンにワクワクして、やってみたかった～というママやパパも多いのでは。

本好き親子隊 オススメ！

この本のシリーズには
- 『大草原の小さな家 インガルス一家の物語２』
- 『プラム・クリークの土手で インガルス一家の物語３』
- 『シルバー・レイクの岸辺で インガルス一家の物語４』
- 『農場の少年 インガルス一家の物語5』

（いずれも福音館書店）など

もりのへなそうる

小さな兄弟と臆病な怪獣のほのぼのとした物語。

●作／わたなべしげお　●絵／やまわきゆりこ　●福音館書店

対象学年
2・3年生
●読み物
●読み聞かせ

好奇心旺盛な兄弟と、森の怪獣が織りなすほのぼのストーリー。ある日、てつたくん、みつやくん兄弟は森に出かけ、へなそうるという臆病で食いしん坊な怪獣に出会います。仲良くなった3人は自然の中でめいっぱい遊びます。

てつたくんの真似をする、みつやくんとへなそうるのたどたどしい言葉使いが楽しく、読み聞かせにしても喜ばれる一冊。

本好き親子隊 オススメ！

怪獣が登場するお話には
- 『エルマーのぼうけん』（福音館書店）
- 『かいじゅうたちのいるところ』（冨山房）
- 『へんな怪獣』（理論社）など

あらしのよるに

お互いの正体が
いつバレてしまうのか。
2匹の会話劇に
ドキドキしながら
思わず笑いがこぼれる。

●作／木村裕一　●絵／あべ弘士　●講談社

対象学年
1・2・3年生

● 読み物
● 読み聞かせ
● 読書感想文

嵐の夜に出会ったオオカミとヤギ。2匹は天敵同士なのに、真っ暗な小屋の中ではお互いの正体に気づきません。意気投合した2匹は、翌日の午後に会う約束をして別れ…。

お互いの勘違いと気遣いから、かみあわないようでかみあう2匹の会話。ハラハラしながらも笑いを誘い、ほのぼのとした気持ちにもなります。

物語を読み終えると、この先はいったいどうなるの？　ヤギとオオカミの友情はあるの？　など、続きをあれこれ考えずにはいられません。子どもの想像力もどんどん広がる秀作です。

久々に私の中での大ヒット作です。ヤギとオオカミというありえない組みあわせの友情が本当に美しくて泣けちゃいます。

シリーズで読むと、物語はどんどん展開していきます。最後にオオカミとヤギの友情のゆくえが…。泣いてしまいました。

本好き親子隊 オススメ！

この本のシリーズには
- 『あるはれたひに』
- 『くものきれまに』
- 『きりのなかで』
- 『どしゃぶりのひに』
- 『ふぶきのあした』
- 『まんげつのよるに』

（いずれも講談社）

チョコレート工場の秘密

小人が本当に住んでいたら…ワクワクするような物語。

●作／ロアルド・ダール ●絵／クェンティン・ブレイク
●訳／柳瀬尚紀 ●評論社

チョコレート工場の秘密
Roald Dahl Collection 2
Charlie and the Chocolate Factory
ロアルド・ダール
クェンティン・ブレイク［絵］ 柳瀬尚紀［訳］
ROALD DAHL
評論社 ロアルド・ダール コレクション ［2］

チャーリーが住む町には、世界で一番有名な「ワンカ」のチョコレート工場があります。けれど、誰もそこで働く人の姿を見たことはありません。そんな不思議な工場に、5人の子どもたちが招待されることになりました。見学当日、工場で待ち受けていたのは、工場主のワンカが作り上げた奇想天外な世界！ 子どもの夢がつまったファンタジックな物語です。

本好き親子隊 オススメ！

ロアルド・ダールコレクションには
●『ガラスの大エレベーター』
●『おばけ桃が行く』
●『すばらしき父さん狐』
●『魔法のゆび』(いずれも 評論社)など

対象学年
4・5年生
● 読み物
● 読書感想文

魔女の宅急便

シリーズではキキが大人の魔法使いになるまで描かれる。

●作／角野栄子 ●絵／林明子 ●福音館書店

魔女《まじょ》の宅急便《たっきゅうびん》
角野栄子 作 林 明子 画

ジブリの映画にもなった作品。キキは一人前の魔女になるために、黒猫のジジと新しい町へ旅立ちます。そして、始めた宅急便屋さんという商売。全6巻。キキにはたくさん友だちができて恋をして母になり、どんどん成長していきます。映画とはまた違う魅力のキキに出会え、キキの台詞に感動したり、納得したりと幸せな気分になれる本です。

本好き親子隊 オススメ！

この本のシリーズには
●『キキと新しい魔法 その2』
●『キキともうひとりの魔女 その3』
●『キキの恋 その4』
●『魔女のとまり木 その5』
●『それぞれの旅立ち その6』(いすれも福音館書店)

対象学年
3・4・5年生
● 読み物

君たちはどう生きるか

生き方の指南書を児童文庫として読んでみると…。

●著／吉野　源三郎　●ポプラ社

対象学年
5・6年生
●
読み物
●
読書感想文

「君たちはどう生きるか?」と問われて、即答できる人はなかなかいないでしょう。けれど、「どう生きて行くべきだろうか?」と考えることこそ、人間の証だとも言えます。その指南となる視点を、やさしい語り口で教えてくれます。

子どもの目線で感じられた日々の出来事に、大人としてどう答えるかのヒントにもなり、親子で読みたい一冊です。

本好き親子隊 オススメ！

小学生のための哲学の本には
- 『はじめての哲学』（あすなろ書房）
- 『はじめての哲学　よいことわるいこと』（世界文化社）
- 『そもそも自分らしさって なに？』（ほるぷ出版）など

ぼくらの七日間戦争

勇気があればなんでもできる！
子どもVS大人の七日間。

●作／宗田理　●絵／はしもとしん　●KADOKAWA

対象学年
4・5・6年生
●
読み物
●
読書感想文

夏休みの前日、東京下町にある中学校の1年2組男子がこつ然と姿を消します。事故？ 集団誘拐？ 実は彼らは、大人たちへの反乱を起こすために廃工場に立てこもっていたのです。

ハラハラドキドキしながら自分も仲間になった気持ちで七日間の出来事に夢中になるでしょう。最後の一幕、女子生徒を含めた仲間との団結力が痛快です。

本好き親子隊 オススメ！

この本のシリーズには
- 『ぼくらと七人の盗賊たち』
- 『ぼくらの修学旅行』
- 『ぼくらのオンライン戦争』（いずれもＫＡＤＯＫＡＷＡ）など

床下の小人たち

小人が本当に住んでいたら…ワクワクするような物語。

●作／メアリー・ノートン　●訳／林容吉　●岩波書店

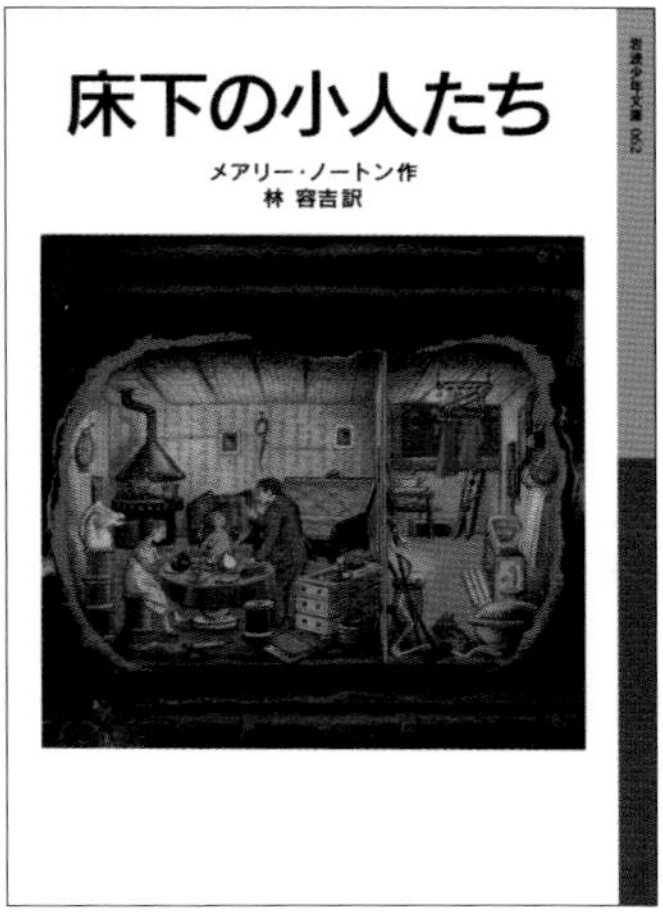
床下の小人たち
メアリー・ノートン作
林 容吉訳

人間の家の床下で、人間の物を借りて暮らしている小人たちのお話。人間に見つからないように細心の注意を払って暮らしていたのに、ある日偶然に男の子に見られてしまい…。

自分の家の床下にもこんな小人たちが住んでいたらいいなとワクワクするような空想が広がる、そんな素敵な作品です。

映画『借りぐらしのアリエッティ』の原作です。

本好き親子隊 オススメ！

この本のシリーズには
- 『野に出た小人たち』
- 『川をくだる小人たち』
- 『空をとぶ小人たち』
- 『小人たちの新しい家』（いずれも岩波書店）

対象学年　**5・6年生**
- 読み物
- 読書感想文

カラフル

死んだはずの主人公が人生に再挑戦!?

●作／森絵都　●講談社

Colorful
Eto Mori
KODANSHA

死んだはずの主人公が、輪廻のサイクルに戻るために下界に送り返されることに。他人の体を借りて生活し、もう一度修行を積まなくてはいけなくなった主人公が乗り移ったのは、自殺した冴えない中学生の少年でした…。

深刻なテーマでありながら、軽やかな展開で一気に読めてしまいます。思春期の子どもの揺れ動く心理に共感できる本。

本好き親子隊 オススメ！

森絵都の本には
- 『アーモンド入りチョコレートのワルツ』
- 『宇宙のみなしご』
- 『DIVE!!』上・下
- 『リズム』（いずれもＫＡＤＯＫＡＷＡ）など

対象学年　**5・6年生**
- 読み物
- 読書感想文

モモ

盗まれた時間を取り戻す
不思議な力を持った女の子は…。

●作／ミヒャエル・エンデ　●訳／大島かおり　●岩波書店

対象学年
3・4・5年生
●
読み物
●
読書感想文

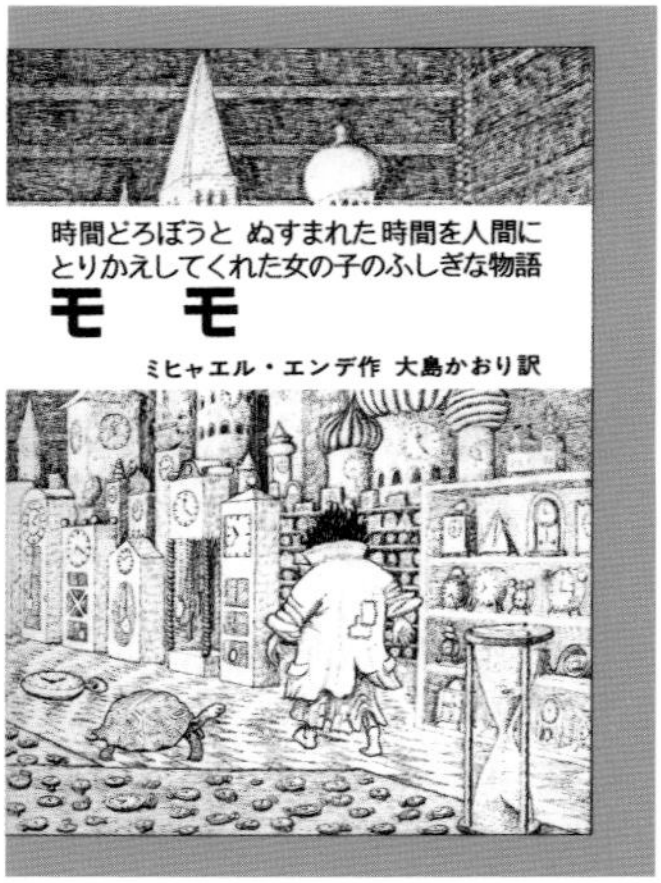
時間どろぼうと ぬすまれた時間を人間に
とりかえしてくれた女の子のふしぎな物語
モ モ
ミヒャエル・エンデ作 大島かおり訳

本好き親子隊 オススメ！
ミヒャエル・エンデの本には
●『オフェリアと影の一座』（岩波書店）
●『ジム・ボタンの機関車大旅行』（岩波書店）
●『はてしない物語』上・下（岩波書店）
●『魔法の学校』（岩波書店）
●『ゆめくい小人』（偕成社）など

やせっぽちで小さな女の子モモは、身寄りもなく、大昔の円形劇場の廃墟にひとりで暮らしています。あるとき、街は灰色の男たちによって時間を奪われ、余裕のない悲しい街になってしまいます。モモはみんなの時間を取り戻すため、時間どろぼうと戦います。

時間に追われながら生きる私たちに、本当の意味での「生きること」を問いかけてくれます。

バッテリー

少年の夢、友情、葛藤ー
すべてがぎゅっとつまった名作。

●作／あさのあつこ　●絵／佐藤真紀子　●教育画劇

対象学年
5・6年生
●
読み物
●
読書感想文

BATTERY
Atsuko Asano
バッテリー
あさのあつこ
佐藤真紀子・絵

本好き親子隊 オススメ！
あさのあつこの本には
●『ラスト・イニング』※続編（KADOKAWA）
●『No.6』全9巻（講談社）
●『ほたる館物語』全3巻（ポプラ社）
●『新ほたる館物語』（ポプラ社）など

ピッチャーとして恵まれた才能とあり余る自信を持つ原田巧が、穏やかで温かい永倉豪と出会い、ふたりが最高のバッテリーとして成長していく物語。全6巻。登場人物のそれぞれの視点から描かれています。10代特有の熱くて、だけどどこか不安定な部分がストレートに文章に表現されていて、読み進めるうちに登場人物への共感が生まれてくる作品です。

かいけつゾロリのドラゴンたいじ

いつも前向きなゾロリに元気がもらえる本。

●作・絵／原ゆたか ●ポプラ社

対象学年
1・2年生
●
読み物

本好き親子隊 オススメ！

この本のシリーズには

●『かいけつゾロリのきょうふのやかた』
●『ちきゅうさいごの日』
●『にんじゃおばけあらわる！』
●『きょうりゅうママをすくえ！』（いずれもポプラ社）など

悪いことをたくらんだり、いたずらをしたりするのになぜか憎めないキツネのゾロリとふたごのイノシシ、イシシ・ノシシが繰り広げる物語。

一人修業の旅に出たゾロリは、お姫さまの花婿に立候補することにしました。そのために計画したこととは…。

1987年の刊行から35年以上刊行し続ける子どもたちのヒーローシリーズです。

ワンダー

涙なくしては読めない、特別な顔をもつ少年の特別な日常。

●作／R・J・パラシオ ●訳／中井はるの ●ほるぷ出版

対象学年
5・6年生
●
読み物
●
読書感想文

本好き親子隊 オススメ！

この本の関連本には

●『365日のWonder ブラウン先生の格言ノート』
●『もうひとつのワンダー』
●『ホワイトバード』（いずれもほるぷ出版）

生まれつき顔に障害があるオーガスト。はじめて学校に通うことになりますが、みんなからジロジロ見られたり、「病気がうつる」と避けられたりします。そんなとき、夏のキャンプである事件が…。

いじめる人がいる一方、オーガストの内面の魅力に気づいてくれる友だちも増えます。ブラウン先生の数々の言葉には、胸を打たれずにいられません。

クラバート

友情や愛について考え
そしてドキドキハラハラもいっぱい！
連続して起こる不可解な出来事に
クラバードが何を思い
どこに向かうのかを一緒に楽しんで。

●作／プロイスラー　●訳／中村浩三　●偕成社

本好き親子隊 オススメ！

海外の面白い翻訳本には
●『アーサー王物語』
●『黄金の鍵』
●『すてきな三にんぐみ』
●『テラビシアにかける橋』
●『魔女集会通り26番地』
●『夢のつづきのそのまたつづき』
（いずれも偕成社）など

大人も楽しめる一冊です。魔法の物語はたくさんあるけれど、こんな話はなかなかありません。よくできていると思います。

ちょっと怖くて怪しいけれど、希望に溢れている本。だまされたと思って読んでみて。読み終わるまで本が手放せないよ。

夢に誘われるまま水車場の見習いになり、魔法使いの親方の弟子になったクラバート。数々の苦難にぶち当たりながら、自身の強い意志と友情で切り抜けていきます。

ラストはクラバートが生死をかけて、親方と対決する手に汗握る展開にドキドキハラハラしっぱなし！

単なる魔法使いファンタジーではなく、クラバートが成長していく姿を通し、人生で大切なことを物語っています。これほどにまで信頼とは、知恵とは、生きるとは何であるかを考えさせられる本も珍しいです。

対象学年
5・6年生
●読み物
●読書感想文

二分間の冒険

現実と非現実的な世界が交差する
とっても不思議な感覚の物語。

●作／岡田淳　●絵／太田大八　●偕成社

対象学年
5・6年生
●読み物
●読書感想文

二分間の冒険
岡田 淳 著　太田大八 絵

たった2分間の冒険でした。読んでいた時間も2分間だったかのような感覚になります。この冒険の舞台がまた不思議なところ。なぜか子どもだけで生活していて、主人公の悟は竜のいけにえとして、かおりと竜の館に向かいます。

謎とき、冒険、友情、そしてたしかなもの探しと、いろいろなことがからみあうことで物語がいっそう面白くなっています。

本好き親子隊 オススメ！

岡田淳の本には
- 『びりっかすの神さま』（偕成社）
- 『ふしぎな木の実の料理法』（理論社）
- 『放課後の時間割』（偕成社）
- 『竜退治の騎士になる方法』（偕成社）など

コンビニたそがれ堂

不思議なコンビニの
素敵で切ないファンタジー。

●作／村山早紀　●ポプラ社

対象学年
5・6年生
●読み物

村山早紀
Saki Murayama
コンビニたそがれ堂
ポプラ文庫ピュアフル

大事な探しものがある人だけが行けるという不思議なコンビニたそがれ堂。そこで大事な探しものが見つかって回り始める5つのストーリー。どれも不思議で切なくて、だけど心温かくて救われる思いになります。

読んでいると自分もお話の不思議な世界に引きこまれ、この本のゆったりとしたテンポに癒されます。

本好き親子隊 オススメ！

村山早紀の本には
- 『百貨の魔法』（ポプラ社）
- 『シェーラひめのぼうけん』シリーズ（童心社）
- 『コンビニたそがれ堂』シリーズ（ポプラ社）など

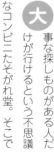

ふしぎ駄菓子屋 銭天堂

運命が翻弄される
不思議な駄菓子屋さんの物語。

●作／廣嶋玲子 ●絵／jyajya ●偕成社

対象学年
3・4・5年生
● 読み物
● 読書感想文

こんな駄菓子屋さんがあったらいいな、と不思議な世界に引き込まれる物語。

11歳の真由美は水が怖くてプールの授業が憂鬱です。そんなとき、商店街で見知らぬ駄菓子屋さんをみつけます。幸運な人だけがたどり着ける銭天童ですすめられる魅惑のお菓子は食べ方や使い方を間違えると…。

短編集なのでどこから読んでも楽しめます。

本好き親子隊 オススメ！

この本のシリーズには

- 『ふしぎ駄菓子屋 銭天堂2 幸か不幸かはお客さま次第』
- 『銭天堂にようこそ 公式ガイドブック』
- 『銭天堂 吉凶通り１』
（いずれも偕成社）など

かはたれ
散在ガ池の河童猫

不思議と懐かしくて
心地よい気持ちになれる本。

●作／朽木祥 ●画／山内ふじ江 ●福音館書店

対象学年
3・4・5年生
● 読み物
● 読書感想文

ひとりぼっちの河童の八寸は、修行のため人間の住む街へ。そこで、麻に出会います。ふたりに芽生えた友情と思いやり。お互いを心配しあう姿が微笑ましくもありいじらしくもあり、心洗われる思いがします。人とは違うこと、見えるものがすべて本当なのか、いろいろと考えさせられます。河童の住む散在ガ池や森など、不思議な世界が見事に表現されています。

本好き親子隊 オススメ！

姿が変わってしまうお話には

- 『小さいおばけ』（徳間書店）
- 『小さなスプーンおばさん』（Gakken）
など

ほこらの神さま

神さまのおかげか偶然か!?
ほこらをめぐる不思議な出来事。

●作／富安陽子　●絵／小松良佳　●偕成社

対象学年
4・5・6年生
● 読み物
● 読書感想文

5年生の勇平たち3人が拾ったのは、神さまの家「ほこら」。秘密基地に隠し、願いごとをしてみると、次々に願いが叶います。けれど悪いことも起こってしまい…。

神さまの返事のような音が響く場面にドキドキしたり、仲間を助けようとする場面に優しい気持ちになったりします。不思議な出来事は、神さまのおかげ!?　ラストの展開もユニーク。

本好き親子隊 オススメ！

富安陽子の本には
- 『キツネ山の夏休み』（あかね書房）
- 『クヌギ林のザワザワ荘』（あかね書房）
- 『空へつづく神話』（偕成社）
- 『小さな山神スズナ姫』（偕成社）など

かいじゅうたちのいるところ

迷いこんだ不思議な国には
かいじゅうたちがいた！

●作／モーリス・センダック　●訳／じんぐうてるお　●冨山房

対象学年
1・2年生
● 絵本
● 読み聞かせ
● 読書感想文

いたずらっ子でやんちゃなマックスは、ある日、お母さんに「このかいじゅう！」と叱られ、部屋に閉じこめられてしまいます。すると、部屋の中になぜか木がにょきにょき生えてきて、やがて見知らぬ不思議な国へたどり着くマックス。そこで出会ったのは、怖い顔のかいじゅうたち!!　不思議でダイナミックなセンダックの世界が存分に楽しめます。

本好き親子隊 オススメ！

モーリス・センダックの絵本には
- 『とおいところへいきたいな』（冨山房）
- 『まどのそとのそのまたむこう』（福音館書店）
- 『まよなかのだいどころ』（冨山房）など

キャベツくん

今度はどんなものに変身するのかドキドキ。繰り返し行われるキャベツくんとブタヤマさんのやりとりが楽しい絵本。

●文・絵／長新太 ●文研出版

1年生のときにこの本で感想文を書いた子ども。こんな奇想天外なお話なのに、けっこう面白い感想文になったよ。

本好き親子隊 オススメ！

この本のシリーズには

●『ブタヤマさんたらブタヤマさん』
●『キャベツくんとブヤタマさん』
●『キャベツくんのにちようび』
●『つきよのキャベツくん』
（いずれも文研出版）

ブタヤマさんがキャベツと合体!?

対象学年
1・2年生

●絵本
●読み聞かせ
●読書感想文

キャベツくんを食べたいブタヤマさん。でも、キャベツくんは「ぼくをたべると、こうなるよ」と言い、キャベツ姿のブタヤマさんが現れます。それじゃあと、ゴリラを食べると聞くと、ゴリラ姿のブタヤマさんに。変身後のイラストが奇想天外のユーモラスな動物となって空に描かれます。次は何になるんだろうって、ページをめくるのが楽しくなります。

文章も繰り返しのやりとりが多く、読み聞かせにはぴったりの絵本です。最後の結末も微笑ましくて、優しい気持ちになります。

れいぞうこのなつやすみ

ありえないけど引きこまれる！
一家と冷蔵庫の楽しい夏休み。

●作／村上しいこ　●絵／長谷川義史　●PHP研究所

対象学年
2・3年生
●読み物
●読み聞かせ

夏のある日、けんいちの家の冷蔵庫が壊れてしまい、一家は大騒ぎ。すると、冷蔵庫が突然「プールに行きたい」と言い出します。

「冷蔵庫とプール!?」と、まったく想像しがたい設定ですが、これがまた関西弁の小気味よい会話と愉快なイラストに引きこまれ、いつの間にか、この冷蔵庫への愛情が芽生えてくるから不思議です。

本好き親子隊 オススメ！
この本のシリーズには
●『すいはんきのあきやすみ』
●『ストーブのふゆやすみ』
●『ランドセルのはるやすみ』
（いずれもPHP研究所）など

ぶたのたね

斬新な設定とオオカミの
憎めない性格で愛される絵本。

●作／佐々木マキ　●絵本館

対象学年
1・2年生
●絵本
●読み聞かせ

足が遅くてぶたが食べられない、というちょっぴりマヌケなオオカミのお話。それでもぶたを食べてみたいオオカミは、きつね博士に相談します。博士がくれたのは、なんと〝ぶたのたね〟。ぶたが木にたわわに実る場面では、思わずぷっと吹き出してしまいます。絵本では悪者が多いオオカミですが、オオカミのくせにマヌケという憎めない性格が新鮮です。

本好き親子隊 オススメ！
この本のシリーズには
●『また ぶたのたね』
●『またまた ぶたのたね』
●『あやしい ぶたのたね』
（いずれも絵本館）

区立あたまのてっぺん小学校

自分も他人も認め合いたい
個性の大切さを考えさせられる本。

●作／間部香代　●絵／田中六大　●金の星社

対象学年
1・2年生
●
読み物

始業式の時、頭の上に何かを感じたリョウ。トイレで鏡を見てみたら、なんと、頭の上に小さな学校がありました。「玉川区立あたまのてっぺん小学校」と看板まであったので、区役所に相談に行くことにしますが…。

頭の上に小さな学校ができるというユーモアなストーリーの中で、個性の大切さを考えさせられます。

本好き親子隊 オススメ！
間部香代の本には
●『はやく はやく！ 早口小学校 ～お口のたいそう 早口ことば』（あかね書房）
●『しょうぎ はじめました』（文研出版）など

おしいれのぼうけん

怖いはずの「おしいれ」で
大冒険が始まった！

●作／ふるたたるひ、たばたせいいち　●童心社

対象学年
1・2年生
●
絵本
●
読み聞かせ
●
読書感想文

さとしとあきらは、おしいれの中。ミニカーのとりあいをして、先生に叱られてしまったのです。心細くなったふたりは、おしいれで仲直りをして遊び出します。すると今度はおそろしい「ねずみばあさん」が現れて、ふたりを追いかけます。まっくらなおしいれで愉快爽快！ ワクワクするような冒険をする子どもたち。読んだ後、きっと勇気がわいてきます。

本好き親子隊 オススメ！
「おしいれ」がキーワードの本には
●『おしいれおばけ』（偕成社）
●『おしいれの中のみこたん』（岩崎書店）など

おじいちゃんのおじいちゃんのおじいちゃんのおじいちゃん

自分のルーツにびっくり仰天する楽しい絵本。

●作／長谷川義史　●ＢＬ出版

対象学年
1・2・3年生
●絵本

主人公の男の子の質問、「ねぇ、おじいちゃん。おじいちゃんのおじいちゃんは、どんなひと?」から始まって、おじいちゃんのおじいちゃん、そのまたおじいちゃんと、ご先祖さまを訪ねていくお話。

自分のルーツ探しが、大胆な発想と構図で描かれます。時代をさかのぼるごとに変わっていく風景の描写が丁寧で、歴史や文化の勉強にもなります。

本好き親子隊 オススメ！

長谷川義史の絵本には
- 『いいからいいから』(絵本館)
- 『おへそのあな』(BL出版)
- 『やまださんちのてんきよほう』(絵本館)など

へびのクリクター

優しくて勇敢なへびと飼い主との生活が笑いを誘う。

●作／トミー・ウンゲラー　●訳／中野完二　●文化出版局

対象学年
3・4年生
●絵本

フランス人教師・ボト夫人の元に息子から贈られてきたのは、毒のないへび。クリクターと名づけられたへびは、本当の子どものようにかわいがられ、学校でも人気の的に。さらに泥棒をつかまえたことで、町の人々からも愛されるように。へびが人間社会の中で、人よりも勇敢に働き、町の人気者になり、銅像までできるところが、何ともユニークです。

本好き親子隊 オススメ！

トミー・ウンゲラーの動物が出てくる本には
- 『アデレード そらとぶカンガルーのおはなし』(ほるぷ出版)
- 『かめのスープはおいしいぞ』(ほるぷ出版)
- 『コウモリのルーファスくん』(ＢＬ出版)
- 『エミールくんがんばる』(文化出版局)
- 『フリックス』(ＢＬ出版)など

ともだちや

「ともだちや」ののぼりを立て両手に提灯を下げたヘンテコなキツネと森の動物たちが友だちの大切さを教えてくれる。

●作／内田麟太郎　●絵／降矢なな　●偕成社

いきなり顔がどーんとアップになったかと思うと、次のページでは遠くになったりと、めくる楽しさもある絵本です。

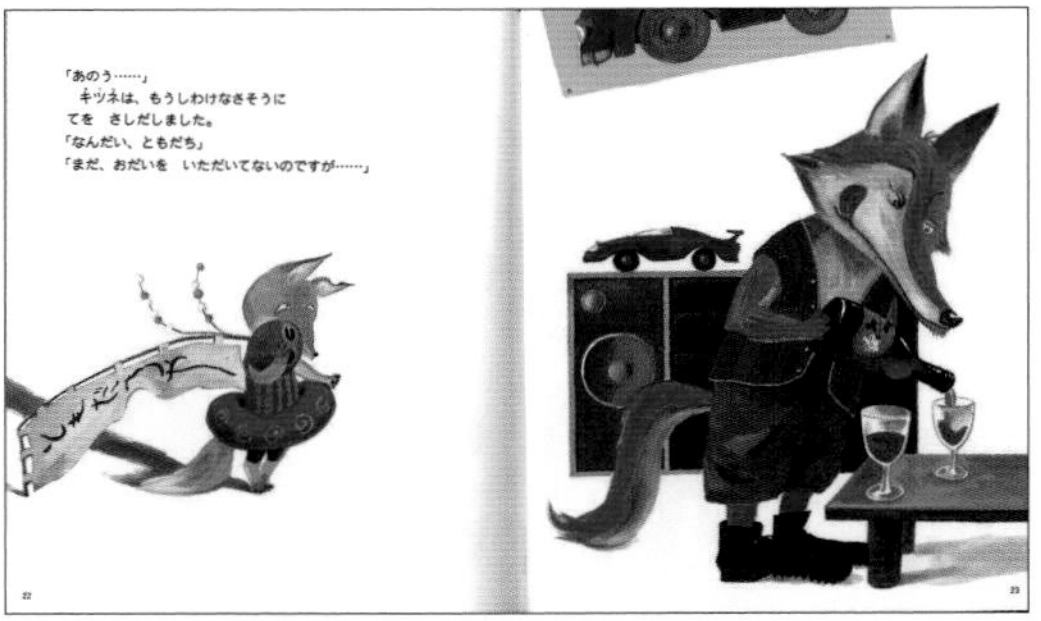

オオカミに友だちの代金をもらおうとすると…。

本好き親子隊 オススメ！

この本のシリーズには

●『ともだちくるかな』
●『あしたもともだち』
●『ごめんねともだち』
●『ありがとうともだち』
（いずれも偕成社）など

対象学年
1・2年生
● 絵本
● 読み聞かせ
● 読書感想文

「えー、ともだちやです。ともだちは　いりませんか。さびしいひとは　いませんか。ともだち　いちじかん　ひゃくえん。にじかん　にひゃくえん」と森に響く声。ある日、なぜかキツネは〝ともだちや〟を思いつきました。ところが、わがままなくまと食事をしてお腹を壊したり、かえるにからかわれたり、なかなかうまくいきません。そこへ、オオカミが声をかけてきて…。

オオカミとのおかしなやりとりから、友だちのいる楽しさが伝わってきます。やがてふたりの間に素敵な友情が芽生えます。

ビーバー族のしるし

文化も価値観も異なる少年ふたりの友情と冒険物語。

●作／エリザベス・ジョージ・スピア　●訳／こだまともこ
●あすなろ書房

対象学年
5・6年生
●読み物
●読書感想文

森の中で父親の留守を守る白人の少年が、先住民のビーバー族の少年と出会います。価値観も育った環境も違うふたりは、はじめは反目しあうのですが…。少しずつ心を開き、友情を育んでいきます。

言葉が通じなくても、お互いを尊重し、思いやることが他人を理解しあう上で、どんなに大切なのかをふたりの少年が教えてくれます。

本好き親子隊 オススメ！
エリザベス・ジョージ・スピアの本には
●『からすが池の魔女』（岩崎書店）など

みどパン協走曲

ふたりを結ぶ白いロープが〝信頼〟という絆の証に。

●作／黒田六彦　●絵／長谷川義史　●BL出版

対象学年
5・6年生
●読み物
●読書感想文

みどパンというあだ名を持つ瞬平太の家に、失明し、心を閉ざした拓斗がやってきます。気まずいふたりに父はロードレースに参加することをすすめます。親の虐待や失明など重たい話も出てきますが、語り手の瞬平太の優しくて明るい口調が物語全体を爽やかにしています。ふたりで走るための白いロープはふたりの絆のようにしっかりとつながっていきます。

本好き親子隊 オススメ！
友情がキーワードの本には
●『きよしこ』（新潮社）
●『The MANZAI』1〜6（ポプラ社）
●『ぼくの友だち』（文研出版）など

ともだち

友だちって何だろう? 素朴な疑問の答えがみつかる。

●文/谷川俊太郎 ●絵/和田誠 ●玉川大学出版部

対象学年 全学年
絵本
音読

わずか1、2行の優しい言葉を綴った詩とほのぼのとした絵で、友だちとは何かを語りかけます。後半になると友だちの定義は世界へと広がり、車椅子の少年や貧困の中で生きる子どもたちの写真に詩が綴られています。

接し方、友だちのありがたさ、友だちの気持ち…。ページをめくるたびに、そのすばらしさを実感できるはずです。

本好き親子隊 オススメ!
谷川俊太郎と和田誠の絵本には
●『あくま』(教育画劇)
●『あな』(福音館書店)
●『かいてかいて』(クレヨンハウス)
●『しのはきょろきょろ』(あかね書房)
●『とぶ』(福音館書店)など

ふたりは ともだち

のほほんとした中にも友情の絆にジーンとくる。

●作/アーノルド・ローベル ●訳/三木卓 ●文化出版局

対象学年 1・2年生
読み物
読書感想文

かえるくんと、がまがえるくんは友だち。春になったある日、かえるくんは、がまくんを起こしに行きます。ところが眠たがりやのがまくんは、春なのになかなか起きてくれません。かえるくんはちょっと工夫してがまくんをベッドから起こし、一緒に春を見に出かけます。読み進めていくと、ふたりのごく平凡で微笑ましい毎日がうらやましくなってきます。

本好き親子隊 オススメ!
この本のシリーズには
●『ふたりはいっしょ』
●『ふたりはいつも』
●『ふたりはきょうも』
●『ふたりはずっと』(いずれも文化出版局)

ともだちのしるしだよ

一足のサンダルが結ぶかけがえのない友情。

●作／カレン・リン・ウィリアムズ、カードラ・モハメッド ●絵／ダグ・チェイカ ●訳／小林葵 ●岩崎書店

対象学年 1・2・3年生
●絵本
●読書感想文

本好き親子隊 オススメ！
海外の考えさせられる絵本には
●『ほんとうのことをいってもいいの?』(BL出版)
●『わたしのせいじゃない―せきにんについて』(岩崎書店)など

日本では、難民の意味を知らずにいる子どもも少なくありません。この絵本をきっかけに、世界にはさまざまな暮らしがあることに目を向けられるようになるでしょう。

救援物資が配られ、リナは片っぽだけのサンダルを見つけます。もう片方を探してあたりを見回すと、やはり片方だけのサンダルを履いた女の子が立っていました。ふたりは…。

ルドルフとイッパイアッテナ

笑いあり、涙あり、猫の友情ストーリー。

●作／斉藤洋 ●絵／杉浦範茂 ●講談社

対象学年 2・3・4年生
●読み物
●読書感想文

本好き親子隊 オススメ！
この本のシリーズには
●『ルドルフともだち ひとりだち』
●『ルドルフといくねこくるねこ 』
(いずれも講談社)

飼い猫だったルドルフが、ひょんなことから東京に。そこで出会ったのがボス猫・イッパイアッテナ。2匹の痛快な野良猫生活が始まります。字を読み書きできるイッパイアッテナから学ぼうと、必死で頑張るルドルフ。友情や勇気の大切さを知ることができるお話です。猫目線で生き生きと語られたストーリーは、物語の面白さに気づくきっかけにもなります。

パパのしっぽはきょうりゅうのしっぽ!?

ある日突然
パパが恐竜になっちゃった！
親子の交流を楽しく描いた
パパのことがもっと好きになる本。

●作／たけたにちほみ　●絵／赤川明
●ひさかたチャイルド

対象学年
1・2年生
●絵本
●読み聞かせ

強くなくちゃいけないはずのパパが弱いところがいい！　パパ自身に読み聞かせをさせたら、子どもの反応も超よかった。

はみ出したパパのシャツの裾を引っ張るたろっぺ。

本好き親子隊 オススメ！

お父さんが登場するお話には

- 『うちのとうちゃん　うちのねこ』（岩崎書店）
- 『ちいさくなったパパ』（小峰書店）
- 『パパが宇宙をみせてくれた』（BL出版）など

だらしなくはみ出たパパのシャツの裾を引っ張ってみたら、ずるるると伸びて、なんと恐竜のしっぽになっちゃった！　恐竜になったパパと主人公たろっぺの、ワクワク、スリリングなアドベンチャーが始まります。ちょっぴり頼りないパパ恐竜だけど、パパはやっぱりヒーローです。

スピード感のあるストーリー展開とダイナミックな絵で、ふたりの冒険に自然と引きこまれ、手に汗を握ってしまいます。テンポのよい言葉や擬声語が楽しく、低学年のときの音読や読み聞かせにもおすすめの一冊です。

ごきげんなすてご

弟や妹がいる子どもたちの心をつかむ童話。

●作／いとうひろし　●徳間書店

対象学年
2・3・4年生
●
読み物
●
読書感想文

お母さんは生まれてきた弟ばかりをかわいがり、主人公のあたしのことはほったらかし。ならば、すてごになろうと決めたあたしは家出をします。「すてご仲間」になった犬、猫、かめと一緒に活躍する、ユーモアいっぱいのほろりとするお話。お姉ちゃんになったばかりの子どもの気持ちをうまく描写し、家族や兄弟の関係について教えることができる一冊です。

本好き親子隊 オススメ！

この本のシリーズには
●『② やっかいなおくりもの』
●『③ にぎやかなおけいこ』(いずれも徳間書店)

いとうひろしの本には
●『みんながおしゃべりはじめるぞ』(絵本館)
●『ルラルさんのにわ』(ポプラ社)など

タンタンタンゴはパパふたり

多様性の時代に触れておきたい家族のカタチ。

●文／ジャスティン・リチャードソン、ピーター・パーネル
●絵／ヘンリー・コール　●訳／尾辻かな子、前田和男　●ポット出版

対象学年
1・2年生
●
読み物
●
読書感想文

アメリカ・ニューヨークにある動物園での実話が元になった絵本です。

雄ペンギンのロイとシロは、ほかのペンギンたちが巣作りをして雛が生まれた様子を見て、真似をして拾ってきた石を毎日温めますが、雄同士の彼らに雛は生まれません。そこで飼育員が、産み落とされたままほおって置かれた卵をロイとシロの巣に運び入れてみると…。

本好き親子隊 オススメ！

家族について考える本には
●『All about Families かぞくって なに？』(文化出版局)
●『いろいろ いろんな かぞくの ほん』(少年写真新聞社)

おねえちゃんって、いっつもがまん!?

お姉ちゃんの気持ちに寄り添う姉妹シリーズ。

●作／いとうみく　●絵／つじむらあゆこ　●岩崎書店

対象学年
1・2年生
● 読み物
● 読書感想文

もうすぐお姉ちゃんのココの運動会。それなのにお母さんは、妹のナッちゃんの好物、おいなりさんをお弁当にしようと言います。頑張るのはココなのにどうして？　とケンカをしてしまった翌日に、ナッちゃんが熱を出して…。落ち込むココに、ステップファミリーのお父さんが「自分も運動が苦手だから似たもの同士だね」と寄り添います。

本好き親子隊 オススメ！

この本のシリーズには
- 『おねえちゃんって、すっごくもやもや！』
- 『おねえちゃんって、きょうもやきもき！』
- 『おねえちゃんって、まいにちはらはら』
- 『おねえちゃんって、もうさいこう！』

（いずれも岩崎書店）など

きょうはなんのひ？

両親の結婚記念日に娘がはじめた謎かけとは？

●作／瀬田貞二　●絵／林明子　●福音館書店

対象学年
1・2年生
● 絵本
● 読み聞かせ
● 読書感想文

朝学校に出かけるとき、まみこちゃんは歌いながら、ママに謎かけをします。「おかあさん、きょうは　なんのひだか、しってる？　しーらないの、しらないの、しらなきゃ　かいだん　三だんめ」。こんなふうに楽しい謎かけが続き、最後に「きょうはなんのひ？」というタイトルの謎が解けていきます。娘の気のきいた遊びで、家族みんながひとつにつながる物語。

本好き親子隊 オススメ！

林明子の絵本には
- 『あさえとちいさいいもうと』（福音館書店）
- 『こんとあき』（福音館書店）
- 『はじめてのおつかい』（福音館書店）
- 『もりのかくれんぼう』（偕成社）など

ハッピーバースデー
命かがやく瞬間

祖父母の愛に支えられ本当の自分を見つけた少女の話。

●作／青木和雄、吉富多美　●画／加藤美紀　●金の星社

対象学年
5・6年生
●読み物
●読書感想文

子どもを愛せない母親からの精神的な虐待によって、声を失ってしまったあすか。祖父母のもとに行き、自分らしく生きる意義を見い出していきます。218ページの中に命、家族の愛、自己肯定など、多くのメッセージが凝縮されています。

子どもが読んでどう感じるか、親が読んでどう感じるか、それぞれの立場できっと感じるものが違うはずです。

本好き親子隊 オススメ！

青木和雄の本には
●『ハートボイス　いつか翔べる日』
●『ハードル 真実と勇気の間で』
（いずれも金の星社）など

ゆうれいレンタル株式会社

タイトルからは想像もつかない感動作をどうぞ！

●作／山田陽美　●絵／こぐれけんじろう　●岩崎書店

対象学年
3・4年生
●読み物

優真の部屋に現れたのは、ジュンという名の幽霊の男の子。物語の前半は、優真がジュンを貸し出しておこづかいを稼ぐ陽気なストーリーで展開します。後半になると話が一転。弟の勇が倒れ、ジュンは勇の体の中に消えていき…。

優真の弟やジュンへの気持ち、ジュンの家族に対する想いに胸を打たれます。死について考えるきっかけにもなるお話です。

本好き親子隊 オススメ！

面白いSF童話には
●『地球をかいにきたゾウ宇宙人』
●『パパがワニになった日』
●『ぼくのじしんえにっき』
●『ママはドラキュラ？』
●『めいたんていワープくん』
（いずれも岩崎書店）など

ジェインの もうふ

もうふを手放せない少女の心の成長を描いた作品。少女がもうふにさよならするときがきて…。

●作／アーサー・ミラー　●絵／アル・パーカー
●訳／厨川圭子　●偕成社

©1963 by AL Parker

うちの子どもも小さい頃、好きなタオルが手放せなくて、この本を見つけて読むと、熱心に何度も何度も読んでいました。

赤ちゃんの頃からピンクのもうふが大のお気に入り。

本好き親子隊 オススメ！

女の子に読んでほしい本には

- 『ぐらぐらの歯』（福音館書店）
- 『不思議の国のアリス』（岩波書店）
- 『ロージーちゃんのひみつ』（偕成社）など

対象学年
2・3年生
● 読み物
● 読み聞かせ

赤ちゃんのジェインはピンクのもうふが大好き。寝るときも遊ぶときもいつも一緒です。でも、ジェインが大きくなるにつれ、もうふはすり切れてぼろぼろになり、しまいには小さな切れ端に。ある日、窓辺に置いておいたもうふを鳥が食べているのを見つけたジェインは…。もうふを卒業していくジェインの心の成長を、丁寧に描いています。

きっとジェインのような子どもがたくさんいるでしょう。小さな頃から大切にしていたもの。この本を読むと、親子で大切なものを思い出します。

ヘビくんブランコくん

優しいブランコとひねくれものへびのちょっと変わった友情。

●作／おおぎやなぎちか　●絵／井上コトリ　●アリス館

対象学年
1・2年生
●
読み物

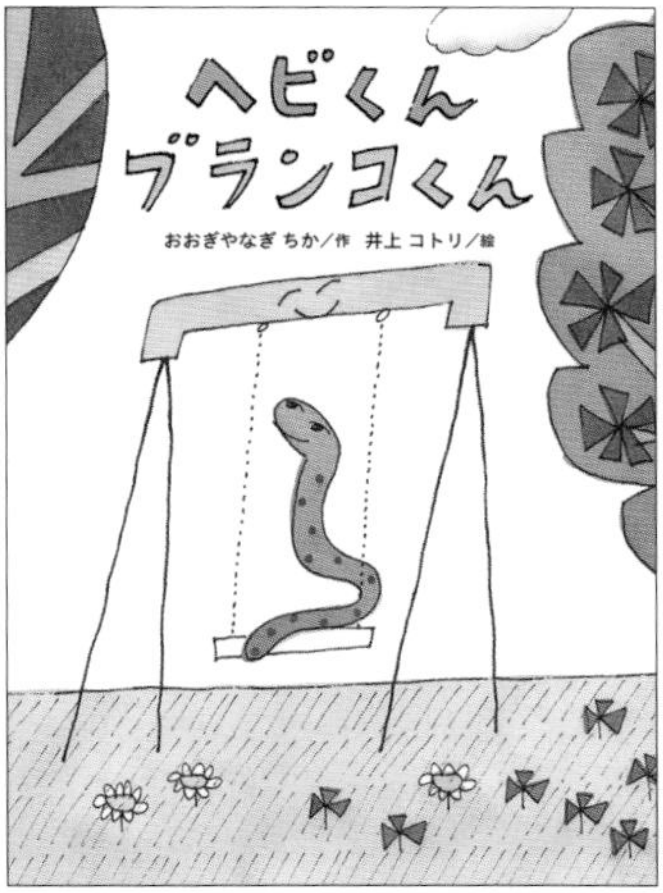

春が来て、冬眠から目覚めたヘビくんが寝ぼけ眼でお散歩をしていると、ブランコをみつけます。ブランコの鎖にからまって、動けなくなってしまうヘビくん。すると、ブランコが優しく話しかけてきて…。76ページからなる読み応えのあるお話ですが、絵もたっぷりで読みやすいでしょう。ジワジワとあたたかい気持ちになり、繰り返し読みたくなります。

本好き親子隊 オススメ！

おおぎやなぎちかの本には

●『家守神(1) 妖しいやつらがひそむ家』(フレーベル館)
●『ぼくたちのだんご山会議』(汐文社)
●『おはようの声』(新日本出版社)など

ヒキガエルとんだ大冒険1 火曜日のごちそうはヒキガエル

友情シーンに感動。ラストも見逃せない！

●作／ラッセル・E・エリクソン　●絵／ローレンス・ディ・フィオリ
訳／佐藤涼子　●評論社

対象学年
3・4年生
●
読み物
●
読書感想文

ヒキガエルのウォートンが活躍する冒険物語。ある冬の日、ウォートンはミミズクにつかまり、誕生日のごちそうにされてしまうことに。誕生日まで1週間、ウォートンは無事に脱出できるのか？ハラハラ、ドキドキしながらも、優しいストーリーに引きこまれていきます。ミミズクの「もし、友だちを持つとしたら…」の台詞は、何度読んでも感動。

本好き親子隊 オススメ！

この本のシリーズには

●『② 消えたモートンとんだ大そうさく』
●『③ ウォートンのとんだクリスマス・イブ』
●『④ SOS！ あやうし空の王さま号』
●『⑤ ウォートンとモリネズミの取引屋』
●『⑥ ウォートンとモートンの大ひょうりゅう』(いずれも評論社)など

としょかんライオン

決まりを守りさえすれば誰でも入れるのが図書館？

●作／ミシェル・ヌードセン　●絵／ケビン・ホークス
●訳／福本友美子　●岩崎書店

対象学年
2・3年生
● 絵本
● 読み聞かせ
● 読書感想文

本好き親子隊 オススメ！
ライオンが登場する絵本には
●『ごきげんならいおん』（福音館書店）
●『空とぶライオン』（講談社）
●『つばさをもらったライオン』（ほるぷ出版）など

いつも静かな図書館に、大きなライオンが現れてみんなびっくり！　けれど、決まりを守って静かに図書館を楽しみ、図書館長のお手伝いをし始めた姿を見て、みんなはライオンのことが好きになります。ところがある日、ライオンはやむをえず決まりを破ることに…。

ときには決まりを守ることよりも大切なことがあるのだということが学べる本です。

バスが来ましたよ

10年以上続いた優しさのリレーの実話。

●文／由美村嬉々　●絵／松本春野
●アリス館

対象学年
2・3年生
● 絵本
● 読み聞かせ
● 読書感想文

本好き親子隊 オススメ！
松本春野の絵本には
●『トットちゃんの 15つぶの だいず』（講談社）
●『ふくしまからきた子』（岩崎書店）
●『おばあさんの しんぶん』（講談社）など

バスが来ましたよ」と全盲の山崎さんに声をかける小学生のさきちゃん。この一言が、山崎さんの通勤を10年以上支えました。10年以上ですから、さきちゃんは小学校を卒業してしまいますが、その声掛けはさきちゃんの妹や他の子へと引き継がれ、続いていきます。

進行性の目の病気から全盲になった男性・山崎浩敬さんの実話が元になった絵本。

おじいちゃんがおばけになったわけ

面白くてちょっぴり泣ける
おじいさんと孫の時間。

●文／キム・フォップス・オーカソン　●絵／エヴァ・エリクソン
●訳／菱木晃子　●あすなろ書房

対象学年
1・2・3年生
●絵本
●読み聞かせ
●読書感想文

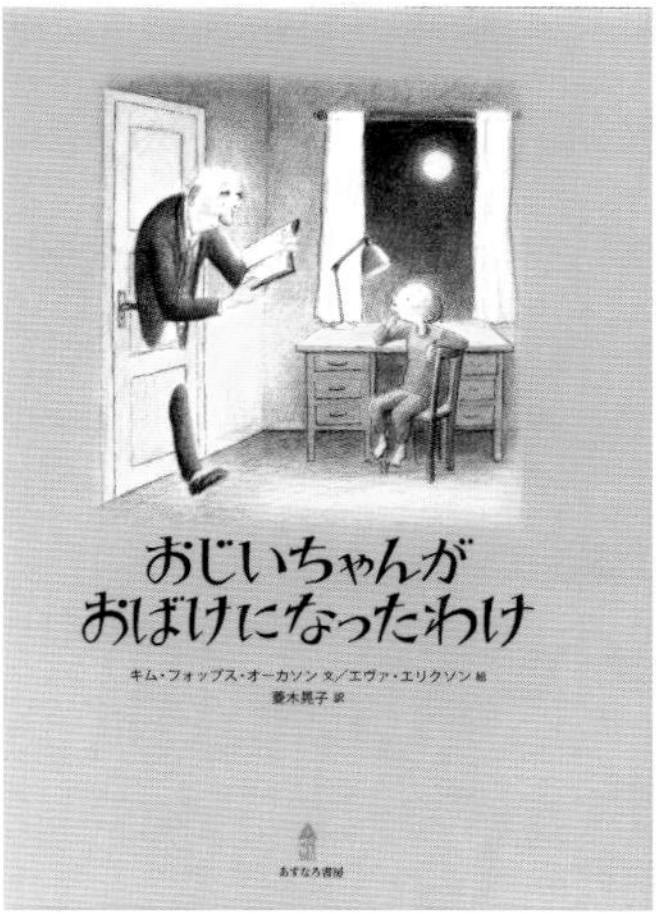

本好き親子隊 オススメ！
エヴァ・エリクソンの絵本には
●『おばけやしきへようこそ！』（偕成社）
●『パパが宇宙をみせてくれた』（BL出版）
●『パパはジョニーっていうんだ』（BL出版）など

ある夜、心臓発作で死んでしまったおじいちゃんがエリックの部屋にやってきた！　死んだ人がおばけになるのは、この世に忘れ物をしてしまったから…エリックとおじいちゃんは、一生懸命思い出をたどりながら、忘れ物を探そうとするのですが見つかりません。エリックと仲良しのおじいちゃんとの最後の時間。温かく切ないお話に涙がこぼれそうになります。

かみさまにあいたい

「神さま」って、本当にいるの？
願いごとを叶えてくれるの？

●作／当原珠樹　●絵／酒井以　●ポプラ社

対象学年
3・4年生
●読み物
●読書感想文

本好き親子隊 オススメ！
不思議な体験をする本には
●『コンビニたそがれ堂』（ポプラ社）
●『虹色ほたる』（アルファポリス）
●『古道具ほんなら堂』（毎日新聞社）など

大好きだったおばあちゃんを亡くしてしまった3年生の雄一。おばあちゃんについてしまった嘘が気がかりで「神さまに会いたい」と願います。クラスメイトで問題児の竜也もとある理由で「神さまに会いたい」と願っていて、二人は神さまへの交信を試みますが…。それぞれの悲しみに向き合いながら友情を育み、成長していくひと夏の物語です。

うずらのうーちゃんの話

幼稚園からもらってきたうずらとの楽しい毎日。

●作／かつやかおり　●福音館書店

対象学年
2・3年生
● 絵本
● 読み聞かせ
● 読書感想文

ぼくが幼稚園児だったときのお話です。幼稚園からもらってきたうずらの〝うずら野うーちゃん（ぼくがつけた名前）〟を飼い始めた頃の事件や事故など、ドラマチックな出来事が幼稚園児の目線で初々しく描かれています。ワクワクしたり、ドキドキしたり、心配したり、感動したり…。ぼくの心が大きく成長する様子がわかる、とても微笑ましい展開です。

本好き親子隊 オススメ！

鳥との触れあいを描いた本には
- 『学校は小鳥のレストラン』（アリス館）
- 『ぼくとくらしたフクロウたち』（評論社）
- 『ぼくのウィング』（新日本出版社）など

新装版 天使のいる教室

精いっぱい生きようとする女の子が残してくれたものは…。

●作／宮川ひろ　●絵／ましませつこ　●童心社

対象学年
3・4年生
● 読み物
● 読書感想文

小児ガンのあきこちゃんは笑顔をたやさない天使のような女の子。先生とクラスのみんなは奇跡を願っています。

この本は「大きくなること」「人間は『おめでとう』をもらうたびに大きくなる」「きれいな言葉をいっぱいもらったら元気になれる」など素敵な言葉で溢れていて、天使のような子どもたちがたくさん出てくる作品です。

本好き親子隊 オススメ！

命を見つめる本には
- 『海くん、おはよう』（新日本出版社）
- 『さよならエルマおばあさん』（小学館）
- 『ちっちゃなアレックスと夢のレモネード屋さん』（戎光祥出版）
- 『ぼくのいのち』（岩崎書店）など

きみのことが だいすき

たくさんの愛を言葉にしてくれる。

●作・絵／いぬいさえこ　●パイ インターナショナル

対象学年
1・2年生
●絵本
●読み聞かせ

本好き親子隊 オススメ！

大好きと伝えたくなる本には
●『人生を希望に変えるニコラスの絵本 ハグくまさん』（クレヨンハウス）
●『だいすきだよ きょうも いつまでも』（パイ インターナショナル）

「かなしい きもちはね、ふたを しなくて いいんだよ。」「あなたは、よいこ。なにかを じょうずに できなくても。みんなと 同じように できなくても。」

小さなどうぶつたちが暮らす森にあふれている優しい言葉の数々が心に染みます。小学生にあがって新しい環境のなか、例えつらいことがあっても家族がいることを思い出せる絵本です。

めぐりめぐる月

成長する少女の心をミステリアスに描く。

●作／シャロン・クリーチ　●絵／井筒啓之　●訳／もきかずこ
●偕成社

対象学年
5・6年生
●読み物
●読書感想文

本好き親子隊 オススメ！

シャロン・クリーチの本には
●『赤い鳥を追って』（講談社）
●『トレッリおばあちゃんの スペシャル・メニュー』（評論社）
●『ハートビート』（偕成社）など

親友フィービーにまつわるミステリアスな事件、帰ってこない母、祖父母の愛…。13歳の少女サラに起きた出来事と心情を描いたお話。

サラは家を出た母親をたずねるため、祖父母と北米横断3千キロの旅に出ます。長い道中、フィービーの話を語りながら、自分の問題と向きあい成長していくサラ。旅の終わりに明かされる真実に涙が溢れます。

ドングリ山のやまんばあさん

スーパーやまんばあさんが現れる!?
ありえなーいことが
たーくさんあっても
このおちゃめなばあさんだったらいい！

●作／富安陽子　●絵／大島妙子　●理論社

いつも自分の都合のよいふうに物事を解釈するのがおかしくて笑えます！　落ちこんでいるときに読むといいかも。

人間の町に久しぶりにやってきて、車を追いかける場面に、子どもも大笑い。どのシリーズもはちゃめちゃぶりが楽しい。

対象学年
2・3・4年生
●読み物
●読書感想文

296歳のやまんばあさんは、オリンピック選手より元気で、プロレスラーより力持ちです。そして、この山姥のばあさんがなかなか面白いのです。考えることもやることも奇想天外で信じられないようなことをしでかします。でも、結果的にはオーケーというところでしょうか…。こんなおばあさんがいたら、大変だけど、毎日が楽しいなって思えます。

しかもこの本は、２００３年度の青少年読書感想文コンクールの課題図書（中学年向け）にもなっていて、読めば読むほど味が出てきます。

本好き親子隊 オススメ！

この本のシリーズには
●『やまんばあさん海へ行く』
●『やまんばあさんの大運動会』
●『やまんばあさんのむかしむかし』
●『やまんばあさんとなかまたち』
●『やまんばあかちゃん』
（いずれも理論社）など

オバケちゃん

森を守るためにかわいいおばけが大活躍。

●作／松谷みよ子 ●絵／いとうひろし ●講談社

対象学年
2・3年生
● 読み物
● 読み聞かせ

オバケちゃんは、明るくて礼儀が正しい、家族と友だちが大好きなおばけ。パパやママおばけと森で平和に暮らしていましたが、森の木を切るために人間がやってきます。一家は森を守るためにいろいろと対策を考えて…。

ちょっぴり人間と似ている不思議なおばけの世界で、オバケちゃんたちが活躍する姿が優しく描かれ引きこまれていきます。

本好き親子隊 オススメ！

この本のシリーズには

- 『オバケちゃん ねこによろしく』
- 『オバケちゃんとむわむわむう』
- 『オバケちゃんとおこりんぼママ』
- 『オバケちゃんといそがしおばさん』

（いずれも講談社）

さらば、猫の手

とにかく面白い。「猫の手」があったらとワクワク！

●作／金沢直美 ●絵／こぐれけんじろう ●岩崎書店

対象学年
3・4年生
● 読み物

主人公の少年は毎日の予定がびっしり。スイミングスクールやピアノに通ったり、宿題や塾の学習プリントをやったりと大忙し。大好きなマンガを描く暇もなくて…。猫の手があったら借りたいほどです。そんなときに本当に「猫の手」を手に入れてしまいます。猫の手と主人公が繰り広げるドタバタ劇風のストーリーがとても面白く、楽しめる本です。

本好き親子隊 オススメ！

猫が登場するお話には

- 『バルトルの冒険 ネコの物語』（同学社）
- 『100万回生きたねこ』（講談社）
- 『やかんねこ』（岩崎書店）
- 『ルドルフとイッパイアッテナ』（講談社）など

ポリーとはらぺこオオカミ

おちゃめなでマヌケなオオカミととっても賢い女の子のやりとりが面白い!!

●作/キャサリン・ストー ●訳/掛川恭子
●岩波書店

対象学年
2・3・4年生
●
読み物

ちょっぴりマヌケなオオカミがポリーを食べようとあれこれ計画するお話。

オオカミは「赤ずきん」「3匹のこぶた」「ジャックと豆の木」などのお話を真似して、知恵をめぐらすのですが、賢いポリーのほうがいつも一枚上手。

誰もが知っているお話をモチーフにしているので、子どもたちにもふたりのやりとりの面白さがわかるはずです。

はらぺこオオカミが（本人は真剣ですが）次々に繰り出すおかしなアイデアは、子どもの笑いのセンスと相性がよく、ゲラゲラと笑うこと間違いなしです。

オオカミはいつも頑張るけど、失敗ばかり。それでもめげないオオカミ。結果はわかっているけど、読んでしまうのよね。

このマヌケなオオカミをつい応援したくなります。だって、いつも一生懸命で意外と頑張りやさんだから。

本好き親子隊 オススメ!
キャサリン・ストーの本には
●『まだまだはらぺこオオカミ』
●『マリアンヌの夢』
（いずれも岩波書店）など

番ねずみのヤカちゃん

気づかれないよう静かに暮らすねずみの親子の物語。

●作／リチャード・ウィルバー　●絵／大社玲子
●訳／松岡享子　●福音館書店

対象学年
1・2年生
読み物
読み聞かせ

ドドさん夫婦の家のすき間に住む、お母さんねずみと、四匹の子ねずみ。ドドさんに見つかってしまうとねずみ採りを仕掛けられてしまうので、音を立てないように、静かに暮らしています。末っ子ねずみのヤカちゃんは、素直で真っ直ぐないい返事をします。けれどその声が大きくて、とうとうドドさんに見つかってしまったからさぁ大変！　みんなの行末は？

本好き親子隊 オススメ！
クスっと笑ってしまう本には
●『つみつみニャー』（あかね書房）
●『目をさませトラゴロウ』（理論社）など

なぞなぞのすきな女の子

賢い女の子が、はらぺこなオオカミをかわす会話が痛快。

●作／松岡享子　●絵／大社玲子　●Gakken

対象学年
1・2年生
読み物
読み聞かせ

なぞなぞ遊びの大好きな女の子がオオカミと森でばったり出会いました。オオカミは、ちょうどお昼に食べる子どもを探していたのです。女の子を食べようと声をかけますが、なぞなぞを出されて大弱り！　身近な遊びからお話が広がり、楽しく読み進められます。絵本から物語へのステップアップにぴったりの、夢いっぱいの幼年童話です。

本好き親子隊 オススメ！
松岡享子と大社玲子の本には
●『みしのたくかにと』（こぐま社）
●『じゃんけんのすきな女の子』（Gakken）

くまの子ウーフ

疑問がいっぱいのくまの子ウーフは
教科書にも掲載された有名な童話。
みんなを幸せな気分にしてくれる
癒しのキャラクターでとってもかわいい！

●作／神沢利子　●絵／井上洋介　●ポプラ社

本好き親子隊 オススメ！

この本のシリーズには

- 『こんにちはウーフ』
- 『ウーフとツネタとミミちゃんと』（いずれもポプラ社）

神沢利子の本には

- 『銀のほのおの国』（福音館書店）
- 『ちびっこカムのぼうけん』（理論社）など

子どもは暇さえあれば、この本を開いて読んでいます。ウーフの疑問とその答えに、いつも感心させられます。

子どもは「ウーフはおしっこでできているか」の話に共感し、わが家にもウーフがいたと。とにかく発想が子どもと同じ。

対象学年
2・3年生
- 読み物
- 読み聞かせ

「うーふー」とうなることからその名がついた、くまの子ウーフ。遊ぶこと、食べること、そして考えることが大好きなくまの子です。

好奇心旺盛なウーフが抱く数々の疑問が、子どもらしい発想に富んでいて、とにかくユニーク！　暮らしの中で自分なりに答えを見つけていくウーフが愛らしく、子どもの心理を巧みに描いた、子どもたちに人気の童話です。

一話が短いお話でできていて、文章もわかりやすいので、はじめてひとりで読む本にもぴったりです。

みどりいろのたね

ユニークで楽しいストーリーが子どもたちに大人気！

●作／たかどのほうこ　●絵／太田大八　●福音館書店

対象学年
1・2年生
● 読み物

本好き親子隊 オススメ！

たかどのほうこのお話には

- 『紳士とオバケ氏』（フレーベル館）
- 『へんてこもりにいこうよ』シリーズ（偕成社）
- 『もりのがっしょうだん』（教育画劇）など

まあちゃんたちのクラスは、畑にエンドウ豆の種をまきました。ところが種と一緒にメロン飴をまいてしまったまあちゃん。似たような緑色をしているけれど、土の中で種たちは飴の存在に気づき、種VS飴のケンカが勃発します…。

ストーリーはもちろん、ユニークな絵や、種たちと飴の会話が面白く、クスクス笑いながら最後まで楽しんで読めます。

ふしぎの森のヤーヤー

爽やかな友情と主人公の成長に感動。

●作／内田麟太郎　●絵／高畠純　●金の星社

対象学年
1・2・3年生
● 読み物

本好き親子隊 オススメ！

この本のシリーズには

- 『ふしぎの森のヤーヤー 思い出のたんじょう日』
- 『ふしぎの森のヤーヤー なみだのひみつ』
- 『ふしぎの森のヤーヤー ブリキ男よ しあわせに』（いずれも金の星社）

体は子ぶた、耳はうさぎみたいなヤーヤー。ヤーヤーの住むふしぎの森の仲間たちは、風変わりでとっつきにくく、どことなくさみしげです。素直で好奇心旺盛なヤーヤーとふしぎの森の仲間たちが、しだいに心を通わせ、成長していく様が丁寧に描かれ、友だちを思いやり、悩み、歩み寄るヤーヤーの友情に爽やかな感動を覚えます。

ざぼんじいさんのかきのき

欲張りなおじいさんと賢く明るいおばあさんのお話。

●文／すとうあさえ　●絵／織茂恭子　●岩崎書店

対象学年
1・2年生
● 絵本
● 読み聞かせ
● 読書感想文

柿を見せびらかしながらひとりで食べるおじいさん。そこへ、おばあさんがやってきて柿をほめると、おじいさんは食べ残した柿のへたを渡します。おばあさんは笑顔でへたを持ち帰り、子どもたちとコマ遊びを楽しみます。それを見たおじいさんは柿を隠してしまいます。次におばあさんが行くと、今度は葉っぱだけをくれます。それでも、おばあさんは喜んで…。

本好き親子隊 オススメ！

すとうあさえの絵本には
- 『ごうた、１年生でしょ』（文研出版）
- 『子どもと楽しむ行事とあそびのえほん』（のら書店）
- 『ちょっぺいじいちゃん』（文研出版）
- 『まあばあさんのゆきのひピクニック』（岩崎書店）など

かあちゃん取扱説明書

笑って泣けて、考えさせられる。子どもらしい発想が楽しい！

●作／いとうみく　●絵／佐藤真紀子　●童心社

対象学年
3・4・5年生
● 読み物
● 読書感想文

授業で家族紹介をテーマにした作文を書いた4年生の哲哉。ガミガミ怒ってばかりのかあちゃんの悪口を書いたら、とうちゃんに「かあちゃんはほめると、きげんがよくなる。パソコンもビデオも、あつかい方をまちがえると、動かないだろ」といわれます。そこで哲哉は、コーヒーメーカーの取扱説明書を参考に、かあちゃんの取扱説明書を作ることに…。

本好き親子隊 オススメ！

いとうみくの本には
- 『糸子の体重計』（童心社）
- 『つくしちゃんとおねえちゃん』（福音館書店）
- 『1ねん1くみの女王さま』（Gakken）
- 『空へ』（小峰書店）など

はれときどきぶた

でたらめに書いた日記がすべて現実に!?

●作・絵／矢玉四郎　●岩崎書店

対象学年
2・3年生
●
読み物

毎日日記をつけている則安君は、お母さんに日記を盗み読みされたことに腹を立て、でたらめな話を日記に書くことに。ところが「トイレに大蛇」「お母さんがえんぴつをてんぷらに」など、書いたことがすべて現実に起こってしまいます。ある日「ごごからぶたがふりました」と書くとそれも本当に…。

3年生の男の子らしい発想がユニークで面白い。

本好き親子隊 オススメ！

この本のシリーズには

- 『あしたぶたの日ぶたじかん』
- 『ぼくときどきぶた』
- 『ぼくへそまでまんが』
- 『はれときどきたこ』
- 『はれときどきアハハ』

（いずれも岩崎書店）など

アンジュール

ある犬の物語

絵だけで切なさ、喜びのすべてがわかる絵本。

●作／ガブリエル・バンサン　●BL出版

対象学年
全学年
●
絵本

どのページをめくっても文章は1行もありません。ただ、1匹の犬が本の中で語りかけてくれます。物語は突然始まります。車の窓から放り出された犬。走り去る車を呆然と見つめる犬。この後、この犬はどうなるのでしょうと思わせます。

絵本といってもそこに色はなく鉛筆で描かれたデッサンのみ。それでも犬の気持ちがひしひしと伝わり、心に響きます。

本好き親子隊 オススメ！

字のない本には

- 『かさ』（文研出版）
- 『ピエロくん』（あかね書房）
- 『漂流物』（BL出版）
- 『あかいふうせん』（ほるぷ出版）
- 『ジャーニー 女の子とまほうのマーカー（講談社）

など

ハリー・ポッターと賢者の石

ハリー・ポッターシリーズの1作目。
魔法界での数々の冒険は
ここから始まった！
間違いなく
誰もが夢中になるファンタジー!!

●作／J.K.ローリング
●訳／松岡佑子
●静山社

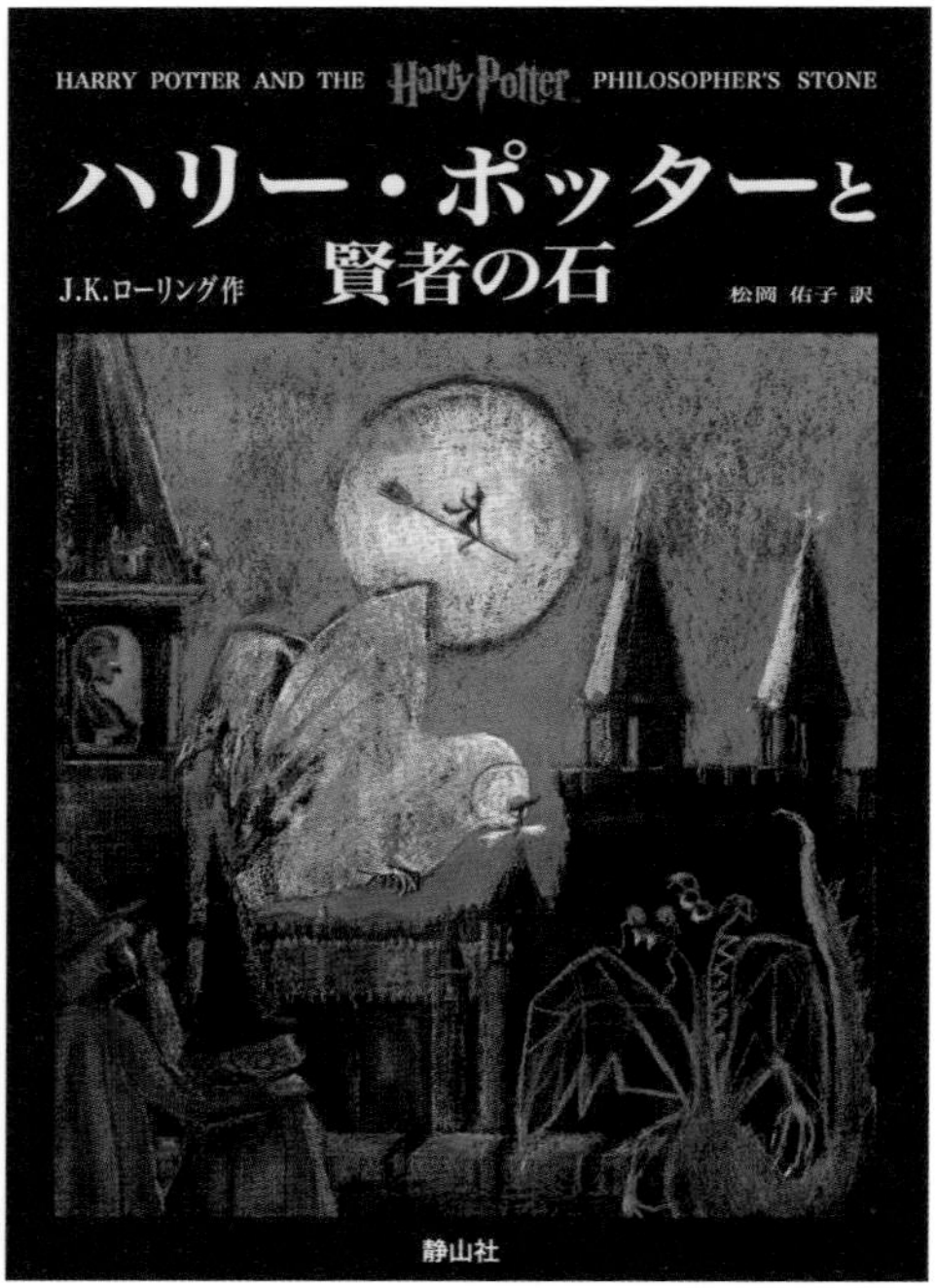
HARRY POTTER AND THE Harry Potter PHILOSOPHER'S STONE
ハリー・ポッターと
賢者の石
J.K.ローリング作
松岡 佑子 訳
静山社

対象学年
5・6年生
●
読み物

映画化もされ大ヒットしたこの本は、世界中の誰もが知っていますよね。

孤児で親戚からも疎まれ、いじめられていたハリーは、11歳の誕生日に自分が魔法使いであることを知らされます。そこから、ハリーの180度異なる冒険の日々が始まるのです。魔法界で起きる喜怒哀楽の出来事の中で、ハリーと仲間たちは知恵と勇気を身につけていきます。

子どもも大人も楽しめる大人気の児童文学。『賢者の石』は、ハリーとロン、ハーマイオニーのはじめての冒険が綴られる、記念すべきシリーズ1作目です。

本好き親子隊 オススメ！

この本のシリーズには
●『ハリーポッターと秘密の部屋』
●『ハリーポッターとアズカバンの囚人』
●『ハリーポッター炎とコブレット』上・下
●『ハリーポッターと不死鳥の騎士団』上・下
●『ハリーポッターと謎のプリンス』上・下
●『ハリーポッターと死の秘宝』上・下
（いずれも静山社）

先生が学活の時間に朗読してくれたそう。それからハマり、何度も読んで、もちろん映画も！ 魔法の本は何でも好きに。

子どもにこんなに文章が長くて、文字の多い物語が読めるのかと思ったけれど、お話が面白ければ平気みたい。

ローワンと魔法の地図

臆病な少年がリンの谷を救う冒険ファンタジー!!

●作/エミリー・ロッダ ●絵/佐竹美保
●訳/さくまゆみこ ●あすなろ書房

対象学年
5・6年生
●
読み物

リンの村に住む少年ローワンは、自他ともに認める臆病者。そんな彼が村を救うために、竜がいるという山に行き、水を取り戻すことになります。ローワンは本当に怖がりで、弱虫。とてもファンタジーの主人公とは思えないのですが、ここがこの話の面白いところ。なぜ、彼でなければならなかったのか。〝怖い〟を知る者こそが真の勇者になれるという意味は?

本好き親子隊 オススメ!

この本のシリーズには
- 『ローワンと黄金の谷の謎』
- 『ローワンと伝説の水晶』
- 『ローワンとゼバックの黒い影』
- 『ローワンと白い魔物』

（いずれもあすなろ書房）

小学館ファンタジー文庫 ダレン・シャン1 ―奇怪なサーカス―

先の読めない展開に一気に引きこまれ夢中に。

●作/ダレン・シャン ●訳/橋本恵 ●小学館

対象学年
5・6年生
●
読み物

数奇な運命を背負うことになった少年を描いた、英国のファンタジーミステリー。友人と奇怪なサーカスを見に行くことになった主人公ダレン。闇の世界に足を踏み入れたことで、ダレンの人生の歯車は大きく狂い出し、友人の命を救うためにバンパイアと恐ろしい取り引きをすることに…。どこか現実味をおびた物語に、ハラハラ、ドキドキの連続です。

本好き親子隊 オススメ!

この本のシリーズには
- 小学館ファンタジー文庫『ダレン・シャン』全12巻
- 『アマリとナイトブラザーズ上・下』

（いずれも小学館）

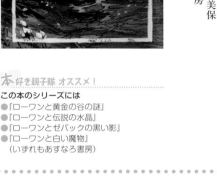

トムは真夜中の庭で

時間をテーマにしたファンタジー小説。

●作／フィリパ・ピアス　●訳／高杉一郎　●岩波書店

対象学年
5・6年生
● 読み物
● 読書感想文

夏休み、おじさんの家に預けられたトム。真夜中に古時計が13時を打つのを耳にし、誘われたのは、昼間は存在しない庭園でした。そこでの時間は現実とは違った流れ方をしています。トムは過去の時代に生きていた少女ハティと出会い、友だちになりますが…。孤独でひとり悶々とするトムの心情をがよく描かれ、最後には感動も待ってます！

本好き親子隊 オススメ！

フィリパ・ピアスの本には

- 『こわがってるのはだれ？』
- 『まぼろしの小さい犬』
- 『真夜中のパーティー』
- 『ライオンが学校へやってきた』

（いずれも岩波書店）など

ナルニア国ものがたり

ライオンと魔女

雪の降り積もる幻想的な世界観。戦いの中で価値観を学ぶ物語。

●作／C.S.ルイス　●訳／瀬田貞二訳　●岩波書店

対象学年
4・5・6年生
● 読み物
● 読書感想文

4人のきょうだいがある日衣裳だんすに入ると、そこは別世界、ナルニア国に通じていて…。白い魔女に支配され、永遠の冬に閉ざされたナルニアで、子どもたちは正義のライオンとともに魔女と戦います。映画化もされ親しまれていますが、本の世界観はまた格別です。文字の少し大きいカラー版などもあるので、気に入ったシリーズをみつけてみましょう。

本好き親子隊 オススメ！

この本のシリーズには

- 『カスピアン王子のつのぶえ』
- 『朝びらき丸 東の海へ』
- 『銀のいす』
- 『馬と少年』
- 『魔術師のおい』（いずれも岩崎書店）など

影との戦い
ゲド戦記1

魔法使いゲドの壮大なファンタジー作品。

●作／アーシュラ・K.ル＝グウィン ●訳／清水真砂子 ●岩波書店

対象学年
5・6年生
●
読み物

影との戦い
ゲド戦記 1
アーシュラ・K.ル＝グウィン作
清水真砂子訳
岩波少年文庫

本好き親子隊 オススメ！

この本のシリーズには
●『こわれた腕環 ゲド戦記２』
●『さいはての島へ ゲド戦記３』
●『帰還 ゲド戦記４』
●『アースシーの風 ゲド戦記５』
●『ドラゴンフライ ゲド戦記６』(いずれも岩波書店)

太古の言葉が魔法の力を発揮する多島世界・アースシーを舞台にした、魔法使いゲドの物語。ジャンルでいうとファンタジーの世界ですが、それ以上に人間の不安、葛藤、許容、成長などが巧みに描かれ、かつ神秘的でスリリングな展開に目が離せなくなります。魅力的な言い回しの文章も多く、何度読んでも大人になってから読んでも楽しめる作品です。

空色勾玉

日本神話をもとにした日本が舞台のファンタジー!!

●作／荻原規子 ●絵／佐竹美保 ●徳間書店

対象学年
5・6年生
●
読み物

空色勾玉
Noriko Ogiwara
荻原規子
佐竹美保
Illustrations
Tokuma Novels Edge

本好き親子隊 オススメ！

この本のシリーズには
●『白鳥異伝』上・下
●『薄紅天女』上・下(いずれも徳間書店)

日本の神話をもとにした素敵なファンタジー作品。「闇」の血族の主人公・狭也が、「輝」の大御神の末子・稚羽矢と出会い、変わりゆこうとする世界。不死の神、物語に登場する人物誰しもが個性的で魅力的。いったいどんな結末になるのか、気になって一気に読んでしまいたくなります。いろいろなファンタジーを読んでみたい子におすすめです。

もしかしたら名探偵

主人公の冴えない探偵と一緒に推理していくユニークな本。犯人探しは読者のあなたも参加して推理が当たればあなたもなかなかの探偵!?

●作/杉山亮　●絵/中川大輔　●偕成社

中川氏の絵がなかなかいい味を出しているんですよ。いろんな探偵ものがありますが、これは読者参加型の変わったお話。

この中に犯人がいるはずだが、みんな怪しい感じ。

本好き親子隊 オススメ!

人気の探偵シリーズには

- 『少年探偵・江戸川乱歩』シリーズ(ポプラ社)
- 『マガーク少年探偵団』シリーズ(あかね書房)
- 『ムジナ探偵局』シリーズ(童心社)
- 『名探偵ホームズ』シリーズ(講談社)など

対象学年
2・3・4年生
● 読み物

ミルキー杉山の名探偵シリーズ。いわゆる名探偵とはちょっとほど遠い主人公。どちらかというと冴えないおじさん。事件を解決するために妻のたつ子に助けてもらうこともあります。お話は「事件編」と「解答編」にわかれていて、解答を見る前に自分なりの推理ができるように工夫されています。

シリーズには『いつのまにか名探偵』『あしたからは名探偵』『どんなときも名探偵』『そんなわけで名探偵』『なんだかんだ名探偵』『まってました名探偵』など10冊以上もあり、とぼけた書名も面白いです。

名探偵カッレくん

スリルいっぱいの痛快な探偵小説。

●作／アストリッド・リンドグレーン　●訳／尾崎義　●岩波書店

対象学年
5・6年生
●読み物
●読書感想文

本好き親子隊 オススメ！
この本のシリーズには
●『カッレくんの冒険』
●『名探偵カッレとスパイ団』
（いずれも岩波書店）

探偵に憧れているカッレくんは、ある日、怪しい行動をする人物に気づき、追跡調査を開始します。しだいにカッレくんと仲良しのアンデス、エーヴァ・ロッタは本物の宝石窃盗事件に巻きこまれていき…。ハラハラしながらも、窃盗犯一味を追いこんでいく子どもたちの姿が痛快で夢中になります。バラ戦争などの〝ごっこ〟遊びのシーンも愉快。

少年探偵一
怪人二十面相

二十の顔を持つ謎の盗賊、怪人二十面相の不思議な推理小説。

●作／江戸川乱歩　●装丁・画家／藤田新策　●ポプラ社

対象学年
4・5・6年生
●読み物

本好き親子隊 オススメ！
この本のシリーズには
●『少年探偵団』
●『妖怪博士』
●『大金塊』
●『青銅の魔人』
全26巻（いずれもポプラ社）

高価な物しか狙わず、しかも事件前には、ご丁寧に予告状を送るにもかかわらず一度もつかまったことがない、という謎に包まれた盗賊、怪人二十面相。素顔は誰にも見せたことがなく、二十の顔を持つと言われています。この怪人二十面相と名探偵、明智小五郎との対決を描いた軽快でスリル満点のストーリーは、一度読むとハマる人続出の名作です。

1話10分 謎解きホームルーム

ミステリーを読み進めながら一緒に謎解き！
ヒントはすべて本のなかにあり、
読解力と推理力が鍛えらそう！
異なる著者によるショートストーリーが
9話収載。

●編／日本児童文芸家協会　●イラスト／純頃　●新星出版社

1話10分程度で読めるので、朝読にもおすすめのシリーズです。1話完結なので、気になるお話から読んでみましょう。

本好き親子隊 オススメ！

1話10分で読める本には

- 『1話10分　感動文庫』(新星出版社)
- 『よみとく10分　10分で読める伝記 1年生』(Gakken)
- 『よみとく10分　10分で読める物語 1年生』(Gakken)など

台あるんだよね、お母さん」

「そうよ、別荘の玄関と、島と湖の岸のそれぞれの船着き場と合わせて三台ね。でもずっと撮りっぱなしじゃなく、動くものがカメラの前を横切るとうつしはじめるの」

「そうか、それなら、たぶん二年分の記録が残っていると思うよ。とりあえず、今日は玄関とこっちの船着き場のカメラを見てみよう。中のメモリーカードは、ぼくの持ってきたパソコンで再生できるからね」

と、そのとき、サキのおなかがグー、とたんに母親に笑顔が戻った。

「まずは、腹ごしらえをしてからにしましょ」

夕食のあと、メモリーカードを確かめると、玄関のカメラにはおよそ半年前の夜の七時頃に、この別荘に忍び込む人物の姿がうつっていた。画像が暗く、誰かはわからないが、体つきから男のようだった。

母親がパソコンの画面を指さして言った。


「すりかえられた絵」「さらわれたPTA会長」など、子どもたちの日常がミステリーに！

新しくやってきたちょっと変わった名前の車六家睦（しゃろく いえむつ）先生。「じつは先生、謎解きが大好きなんです。これから、ホームルームの時間にひとりずつミステリーを発表するのはどうでしょう」と、毎週金曜日、帰りのホームルームで謎解きをすることになりました。

ミステリーの【解決編】を読む前に、自分なりの推理を立てながら楽しめます。注意深くお話を読み込むことで、読解力や推察力を養うことができるでしょう。ヒントはすべて本の中にあります！

対象学年
2・3・4年生

●
読み物

暗号クラブ
ガイコツ屋敷と秘密のカギ

暗号を解きながら読み進める体験型ミステリー。

●著／ペニー・ワーナー ●絵／ヒョーゴノスケ
●訳／番由美子 ●KADOKAWA

対象学年
4・5・6年生
読み物

本好き親子隊 オススメ！

この本のシリーズには
- 『暗号クラブ2ゆうれい灯台ツアー』
- 『暗号クラブ3 海賊がのこしたカーメルの宝』
- 『暗号クラブ 20 暗号クラブの卒業旅行』
- 『スパイ暗号クラブ1 サマーキャンプの誘拐事件』

（いずれもKADOKAWA）など

暗号クラブを結成した5年生の仲良し4人組みは、モールス信号、手旗信号、指文字、アナグラムなどを研究し、秘密のコミュニケーションに役立てていました。ある日、火事が発生。焼けた屋敷の窓わくには、4つの記号が残されてました。事件のにおいを感じとった4人は、ひそかに活動を開始し、大人が気づかない小さな手がかりを見つけ…。

サッカク探偵団
あやかし月夜の宝石どろぼう

錯覚を題材にした小学生探偵の物語。

●作／藤江じゅん ●絵／ヨシタケシンスケ ●KADOKAWA

対象学年
3・4・5年生
読み物

本好き親子隊 オススメ！

この本のシリーズには
- 『サッカク探偵団2 おばけ坂の神かくし』
- 『サッカク探偵団3 なぞの影ぼうし』

（いずれもKADOKAWA）

4年生のカケルは、仲間たちと参加したパーティでダイヤの指輪盗難事件に遭遇します。犯人を追いかけるも逃してしまったカケルは、研究者・二の谷と一緒に錯覚を利用したトリックを解きながら、犯人を探します。
人間の目や脳の不思議を分かりやすく教えてくれて、頭の体操にもなります。一緒に謎解きを楽しんでみましょう。

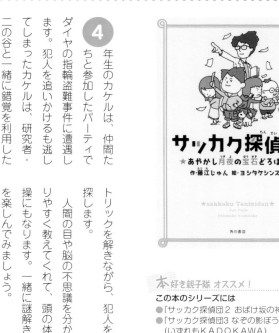

チムとゆうかんなせんちょうさん

アーディゾーニ生誕100年を記念して出版されたチム・シリーズ。世代と国境を越える海洋冒険物語。

●作／エドワード・アーディゾーニ　●訳／せたていじ
●福音館書店

チムとゆうかんな
せんちょうさん
Edward Ardizzone
エドワード・アーディゾーニ さく
せた ていじ やく

対象学年
1・2年生
●
絵本
●
読書感想文

チムシリーズの中で『チムひとりぼっち』という本があるのですが、これは1作目と違い、ちょっぴり泣けるストーリー。
「かっこいい！」に憧れる子におすすめの本ね。小さくても勇敢なチムを子どもにも見せてあげてほしいな。

本好き親子隊 オススメ！

エドワード・アーディゾーニの本には
- 『チムとルーシーとかいぞく』チムシリーズ（福音館書店）
- 『ダイアナと大きなサイ』（こぐま社）
- 『時計つくりのジョニー』（こぐま社）

など

船乗りになりたいチムは、お父さんお母さんに黙って汽船に乗りこみます。無賃で乗りこんだことがバレてしまったチムは、船で一生懸命に働きます。

ある日、船が嵐に巻きこまれ、船長とチムが船に取り残されてしまいます。いよいよもうダメだ～というとき船長は「わたしたちは、うみのもくずと　きえるんじゃ。なみだなんかは　やくにたたんぞ」と、チムを海の男と認めます。

船乗りの厳しさ、海の怖さを体験したチムの感情がそのまま伝わる世界の名作絵本です。

エルマーのぼうけん

何度読んでもワクワクする冒険ファンタジー!!

●作／ルース・スタイルス・ガネット
●絵／ルース・クリスマン・ガネット
●福音館書店
●訳／わたなべしげお

対象学年
1・2・3年生

● 読み物
● 読み聞かせ
● 読書感想文

本好き親子隊 オススメ！

この本のシリーズには

●『エルマーとりゅう』
●『エルマーと16ぴきのりゅう』
（いずれも福音館書店）

どうぶつ島で捕えられているりゅうの子どもを助けるためにエルマー少年が旅立つ冒険物語。

チューイングガムや歯ブラシなど、おかしな荷物を準備するシーンにワクワクしたり、これらのアイテムを使って次々とピンチを切り抜けていく少年の姿に夢中になります。

ユーモアとスリルに満ちた、永く読み継がれている名作です。

冒険者たち

ガンバと十五ひきの仲間

小さなネズミたちの大きな大冒険物語。

●作／斎藤惇夫
●画／薮内正幸
●岩波書店

対象学年
5・6年生

● 読み物
● 読書感想文

本好き親子隊 オススメ！

面白い冒険物語の本には

●『おれたち海賊』（草土文化）
●『ソロモン王の洞窟』（講談社）
●『ぼくらの夏物語』（文研出版）など

台所の床下に暮らすドブネズミのガンバ。名前の由来は「がんばり屋」。好奇心旺盛で勇気いっぱいのガンバと友だちのマンプクは、はじめて海を見に出かけます。そこで出会った船乗りネズミたちと楽しく過ごしているときに、傷を負った島ネズミがやってきて…勇気でがんばり屋のドブネズミと十五ひきの仲間たちのハラハラワクワクの大冒険物語。

動物と話せる少女リリアーネ 1巻
動物園は大さわぎ！

リリアーネと動物たちにおこるハラハラドキドキの冒険！

●作／タニヤ・シュテーブナー ●訳／中村 智子 ●Gakken

対象学年
2・3・4年生
● 読み物

本好き親子隊 オススメ！

この本のシリーズには
- 『動物と話せる少女リリアーネ　2巻 トラはライオンに恋してる！』
- 『動物と話せる少女リリアーネ　13巻 アザラシの赤ちゃんが行方不明！』

（いずれもGakken）など

ドイツの児童文学作家タニヤ・シュテーブナーの、現在も続く人気シリーズです。

どんな動物とでも話せるのに、その秘密がバレることが怖くてクラスメイトには話しかけられないリリアーネが、人気者の少年イザヤと友達になって…。

リリアーネのシリーズには、中学年向けの本編のほかに低学年から親しめる「はじめてのものがたり」シリーズもあります。

都会のトム＆ソーヤ

名コンビ中学生が繰り広げる推理小説シリーズ。

●作／はやみねかおる ●画／にしけいこ ●講談社

対象学年
5・6年生
● 読み物
● 読書感想文

本好き親子隊 オススメ！

この本のシリーズには
- 『都会のトム＆ソーヤ2　乱！RUN！ラン！』
- 『都会のトム＆ソーヤ3　いつになったら作戦終了？』
- 『都会のトム＆ソーヤ17 逆立ちするライオン』

（いずれも講談社）など

ふたりの中学2年生男子が知識と知恵を武器にして挑む、困難な謎解きと大冒険！

塾帰りの内人が路地裏で同級生の創也を見かけますが、道を曲がったとたん創也の姿が消えてしまいました。それがすべての始まりとなって…。学校が始まって依頼の秀才で知られる創也の秘密を知った内人の生活は、そこから一転。抜群のサバイバル力を発揮するようになります。

恐竜の谷の大冒険
マジック・ツリーハウス1

読み出すとやめられない面白さ！
いま一番人気の物語。

●作／メアリー・ポープ・オズボーン ●訳／食野雅子 ●KADOKAWA

対象学年
3・4・5年生
● 読み物

本好き親子隊 オススメ！
この本のシリーズには
●『女王のフュテピのなぞ２』
●『アマゾン大脱出３』
●『マンモスとなぞの原始人４』
（いずれもＫＡＤＯＫＡＷＡ）など

ジャックとアニーは仲良し兄妹。家の近くにある森の中で、不思議なツリーハウスを見つけます。ハウスの中で本を見ていると、突然、木が回り出し、本の世界〝恐竜のいる時代〟へと入ってしまいます。

　マジック・ツリーハウスのシリーズでは、いつもあちこちで大冒険をします。読んでいると、一緒に冒険に出かけていくような気分になれます。

神秘の島
第一部

困難な状況にも知恵と工夫で
立ち向かう冒険者たち。

●作／ジュール・ヴェルヌ ●訳／大友徳明 ●偕成社

対象学年
5・6年生
● 読み物
● 読書感想文

本好き親子隊 オススメ！
ジュール・ヴェルヌの本には
●『神秘の島』※全３部作（偕成社）
●『海底二万マイル』（ポプラ社）
●『十五少年漂流記』（講談社）など

南軍の捕虜収容所を脱出した男5人が乗った気球が嵐の中、無人島に漂着。リーダーであり技師のサイラスのサバイバル術と完璧なチームワークで、男たちは島を開拓します。

　まったく何もないところに知恵と工夫で文明を起こしていく過程に、誰もが夢中になるでしょう。単なる漂流小説ではなく、彼らの力強さに元気と勇気をもらえる名作です。

ふらいぱんじいさん

歳をとった
ふらいぱんじいさんの
はじめての冒険が始まる!
砂漠や海へと旅して
たどり着く先は…。

●作/神沢利子 ●絵/堀内誠一 ●あかね書房

カラフルでポップな絵も気に入ってます。低学年にはちょっと長いお話ですが、字が大きくて読みやすいと思います。

海にやってきたふらいぱんじいさん。

本好き親子隊 オススメ!

神沢利子の本には
- 『あひるのバーバちゃん』(偕成社)
- 『くまの子ウーフ』(ポプラ社)
- 『ぷぷぷうプウタは一年生』(講談社)
- 『ぽとんぽとんはなんのおと』(福音館書店)など

対象学年
1・2年生
- 絵本
- 読み聞かせ
- 読書感想文

歳をとって、大好きなたまごを焼かせてもらえないと思ったふらいぱんじいさんは、旅に出ます。ジャングルに海、孤島など、いままで知らなかった世界に興味津々。それぞれのシーンで、様々な生きものたちにいじられたり、トラブルに巻きこまれたり、楽しんだり…。ふらいぱんじいさんの奇想天外の冒険の旅に、子どもたちはもう夢中です。

40年以上前の作品とは思えないくらい、斬新で楽しいお話です。ふらいぱんじいさんが最後に素敵な人生を見つけることができ、こっちまで元気に!

穴 HOLES

謎とき感覚を味わいながら生きる勇気を与えてくれる。

●作／ルイス・サッカー　●訳／幸田敦子　●講談社

対象学年
5・6年生
● 読み物
● 読書感想文

本好き親子隊 オススメ！

この本のシリーズには
●『道 ROAD』
●『歩く SMALL STEPS』
（いずれも講談社）

不幸の家系だと信じる少年スタンリーは、無実の罪で少年矯正キャンプに収容されてしまいます。毎日毎日、大きな穴を掘らされるスタンリーと少年たち。一見何の関わりもない過去と現在の様々な出来事が次々とつながり、ラストにすべてが明らかに。

ハラハラしながらも、少年たちの友情やピンチを乗り越えていく「生きる力」が伝わります。

天風の吹くとき

生きること勇気を出すことを優しく教えてくれる物語。

●作／福明子　●絵／小泉るみ子　●国土社

対象学年
3・4・5年生
● 読み物
● 読書感想文

本好き親子隊 オススメ！

夏休みに起こった出来事のお話には
●『恐竜がくれた夏休み』（講談社）
●『最後の夏休み』（あかね書房）
●『時計坂の家』（リブリオ出版）など

「鳥ケ峰の勇者は空をとぶ」という言い伝えのある街に、夏休みにたったひとりでやってきた林子。小さな胸には大変な秘密が…。懸命に生きる林子と、そんな林子に「天風」を見せたいと願う一太が起こした奇跡とはー。一生懸命生きること、勇気を出すこと、相手を思いやる気持ち、いろいろなメッセージが本の中にぎゅっとつまった素敵な物語です。

きのうの夜、おとうさんがおそく帰った、そのわけは……

お父さんが大活躍する
不思議で優しいお話。
帰りが遅くなったのは…ふーん、そうなんだ。
ぼくの私のお父さんにもわけを
聞いてみたくなるはず…。

●作／市川宣子　●絵／はたこうしろう　●ひさかたチャイルド

きのうの夜、
おとうさんが
おそく帰った、
そのわけは……
作／市川 宣子
絵／はた こうしろう

対象学年
1・2年生
● 読み物
● 読み聞かせ

あっくんのお父さんは夜遅くなっても帰ってこない日があります。お父さんが帰ってこないのはどうしてでしょう。お父さんがあっくんに語りかけるように始まる物語の中に、そのわけが書かれています。大ナマズに子守唄をうたってあげたり、迷子の雷の子どもを空まで届けたりと、お父さんは密かに大冒険をしています。家族や人々の暮らしを守るために一生懸命頑張るお父さんの姿やあっくんを愛しているお父さんの気持ちがとてもよく伝わります。

2010年の第48回野間児童文芸賞受賞作品。

「お父さん、今日も遅いね」とよく言う子どもに読んであげたら、ちょっとお父さんに優しくなった気がする（笑）。

はたこうしろうさんの挿絵もおすすめ！特に父子のシーンはどれもほんわかとしていて、心がなごんでくるんです。

本好き親子隊 オススメ！

お父さんが出てくるお話には

- 『世界一すてきなおとうさん』（小峰書店）
- 『父さんと釣りにいった日』（文化出版局）
- 『パパは落語家 じゅけむでラップ』（国土社）など

かげまる

影の子「かげまる」の心温まる成長物語！

●作／矢部美智代　●絵／狩野富貴子　●毎日新聞社

対象学年
2・3・4年生
● 読み物
● 読書感想文

かげまるはけんたくんの影の中から生まれた影の子。でも、けんたくんは忘れてしまいます。かげまるがもう一度けんたくんと心触れあうために、一人前の影になる旅に出るお話です。旅先でいろいろな人や動物たちに出会って、少し大きくなってけんたくんのもとに帰っていきます。一人前になるために一生懸命頑張るかげまるの純粋さが心に響いてきます。

本好き親子隊 オススメ！

この本のシリーズには
- 『かげまる はなれていても、いっしょ』（毎日新聞社）

主人公が旅をするお話には
- 『エーミールと探偵たち』（岩波書店）
- 『マックスのどろぼう修行』（理論社）など

びゅんびゅんごまがまわったら

子どもたちの一生懸命な姿を生き生きと描いたお話。

●作／宮川ひろ　●絵／林明子　●童心社

対象学年
2・3年生
● 読み物

主人公のこうすけたちは遊び場を取り戻すため、校長先生とびゅんびゅんごまで対決。2つ3つと同時にまわす校長先生に悪戦苦闘する子どもたちの様子が楽しく描かれています。また、カラスノエンドウのさやぶえなど昔ながらの遊びもたくさん登場し、自然の中で子どもたちが生き生きと遊ぶ姿も印象的です。童心を忘れていない校長先生も素敵。

本好き親子隊 オススメ！

宮川ひろの小学生が主人公のお話には
- 『うそつきにかんぱい！』（童心社）
- 『おとまりのひなまつり』（ポプラ社）
- 『「おめでとう」をいっぱい』（ＰＨＰ研究所）
- 『さくらの下のさくらのクラス』（岩崎書店）
- 『しっぱいにかんぱい！』（童心社）など

おまえうまそうだな

凶暴なはずのティラノサウルスが
突然、優しいお父さんに!?
ティラノサウルスの
切ない優しさが涙を誘う。

●作・絵／宮西達也　●ポプラ社

おっそろしいティラノサウルスが、こんなにも優しいお父さんになるなんて想像もできなくて。父親の愛を感じます。

食べられる！ と思った瞬間!?

本好き親子隊 オススメ！

宮西達也の絵本には

- 『おとうさんはウルトラマン』(Gakken)
- 『帰ってきたおとうさんはウルトラマン』(Gakken)
- 『きょうはなんてうんがいいんだろう』(鈴木出版)
- 『にゃーご』(鈴木出版)など

対象学年
1・2年生

絵本
読み聞かせ
読書感想文

植物食恐竜のアンキロサウルスの赤ちゃんが、肉食で凶暴なティラノサウルスに出会いました。ティラノサウルスがアンキロサウルスの赤ちゃんを食べようとしたそのとき！「おとうさん！」とアンキロサウルスがかけよってきます。そして、「おとうさんみたいになりたい」という無邪気な言葉に心を揺さぶられ、ティラノサウルスは思いがけない行動に出ます。

怖いはずのティラノサウルスの優しさを描いた、個性的で素敵なベストセラーシリーズ。親子で読むのはもちろん、ひとりで読書を始めるのにぴったり。

おにたのぼうし

節分の夜の、おにの子のおにたの切ないお話。

●文／あまんきみこ　●絵／いわさきちひろ　●ポプラ社

対象学年
1・2年生
絵本・読み聞かせ・読書感想文

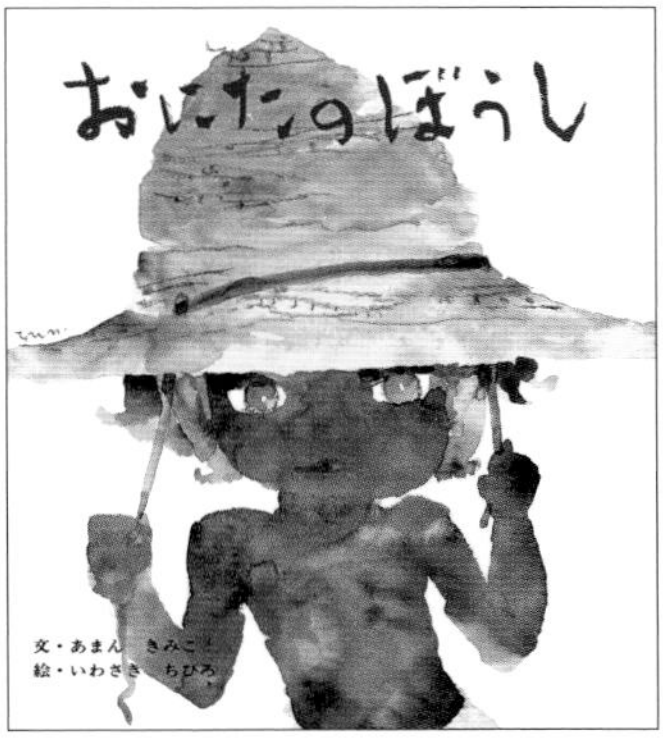

節分の日、まことくんは「おにはそと～」と豆まきをするのですが、この家の天井に住んでいる〝おにた〟は不機嫌です。「にんげんっておかしいな。おにはわるいって、きめているんだから」と次の家を探します。豆まきもしていなくて、ヒイラギも飾っていない家…そこには病気のお母さんと女の子が住んでいて…。いわさきちひろの絵が切なさを際立たせています。

本好き親子隊 オススメ！

あまんきみこの絵本には
- 『きつねのかみさま』（ポプラ社）
- 『ちいちゃんのかげおくり』（あかね書房）
- 『ひつじぐものむこうに』（文研出版）など

いわさきちひろの絵本には
- 『ひさの星』（岩崎書店）
- 『あめのひのおるすばん』（至光社）
- 『窓ぎわのトットちゃん』（講談社）など

100万回生きたねこ

ひとつの出会いが人生や価値観を大きく変える。

●作・絵／佐野洋子　●講談社

対象学年
2・3・4年生
絵本・読み聞かせ・読書感想文

100万回生まれ変わってきたねこ。死ぬたびに飼い主はひどく悲しみますが、ねこは死ぬのなんて平気。あるとき、野良ねこになったねこは、1匹の白いうつくしいねこと出会い、恋に落ちます。たった一度の出会いが、何にもかえがたいすばらしい「一度の人生」になります。はじめて愛することを知り、そして愛する者を失い、はじめて涙を流すのです。

本好き親子隊 オススメ！

佐野洋子の本には
- 『あの庭の扉をあけたとき』（偕成社）
- 『あのひの音だよ おばあちゃん』（フレーベル館）
- 『おばけサーカス』（講談社）
- 『おぼえていろよ おおきな木』（講談社）
- 『わたしが妹だったとき』（偕成社）
- 『わたしのぼうし』（ポプラ社）など

八郎

秋田弁の語りと
鮮烈なきり絵。
八郎の優しさと強さが伝わる
切なくも心温まるストーリー。

●作／斎藤隆介 ●画／滝平二郎 ●福音館書店

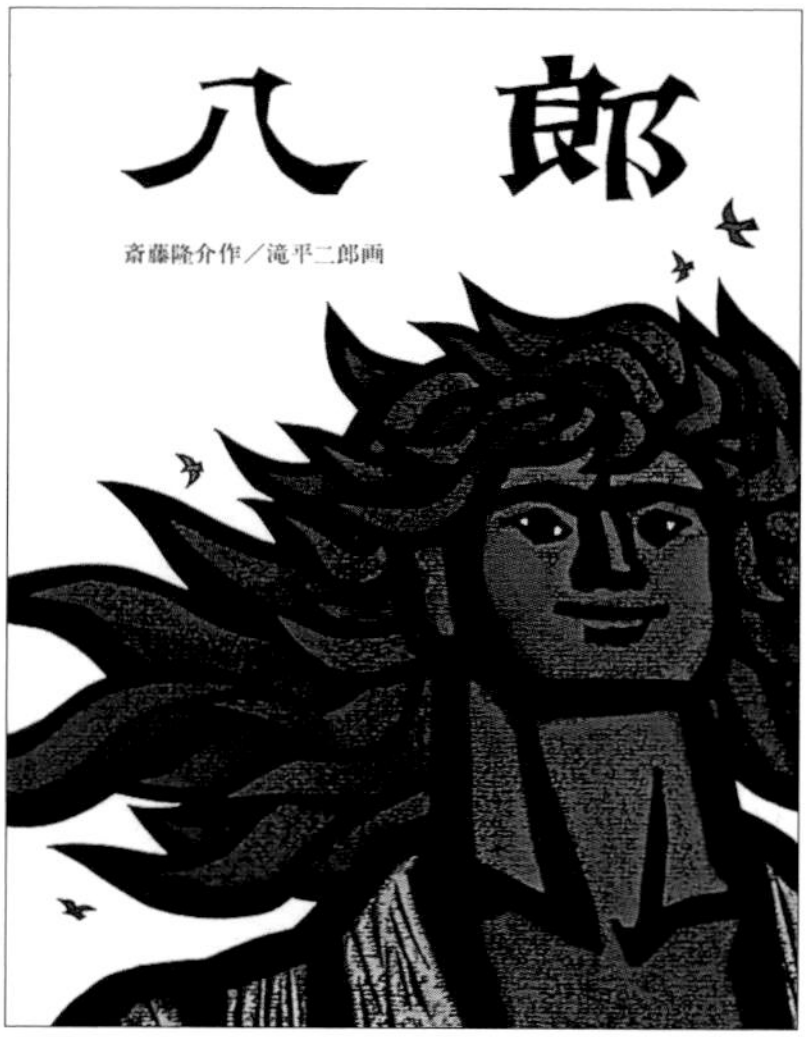

秋田弁が難しくて、最初はつっかえながら読みました。それでもこの話はスケールが大きくて、何度読んでも感動します。

八郎はもっと大きくなりたいと、海に向かって叫びます。

本好き親子隊 オススメ！

斎藤隆介・滝平二郎の絵本には

- 『ソメコとオニ』（岩崎書店）
- 『ふき』（岩崎書店）
- 『三コ』（福音館書店）
- 『モチモチの木』（岩崎書店）など

対象学年
2・3年生

- 絵本
- 読み聞かせ
- 読書感想文

秋田県八郎潟にまつわる創作民話の絵本。斎藤隆介と滝平二郎の名コンビが手掛ける作品のひとつです。

大男の八郎は、なぜ自分がもっと大きくなりたいのかわかりませんでした。ある日、大波に田畑を流されて苦労している村人や、それを見て泣いている子どもを見て、自分が困っている村人のためにあることを知ります。八郎は、荒れ狂う海から村人の田畑を守るために、自らの命を捧げます。

心にしみるストーリーを力強いきり絵が引き立てます。声に出して読みたい一冊です。

ヒョウのハチ

戦争の悲劇や理不尽さの中で動物と人との絆から命を考える。

●文／門田隆将　●絵／松成真理子　●小学館

対象学年
1・2年生
●読み物
●読書感想文

戦時中、ヒョウ退治に出かけた日本兵は、生まれて間もない赤ちゃんヒョウをみつけ、退治に出かけたはずなのに、飼うことにします。寝食をともにし、癒しの存在となるヒョウのハチですが、当然、戦闘に連れていくわけにはいかず…。

目の前のひとつの命を大切に思うのに、戦闘に向かわなくてはならない現実。心優しい兵隊と野生のヒョウの実話絵本です。

本好き親子隊 オススメ！

動物が生きる勇気を与えてくれる本には
- 『大きな友だち ゴリラ』
- 『がんばれ！子どもかわうそ』
- 『子ザルのみわちゃんとうり坊』
- 『ムササビ ムーちゃん』
（いずれも佼成出版社）など

イクバルの闘い 世界一勇気ある少年

困難にも負けず世界と闘ったある少年の話。

●作／フランチェスコ・ダダモ　●訳／荒瀬ゆみこ　●鈴木出版

対象学年
5・6年生
●読み物
●読書感想文

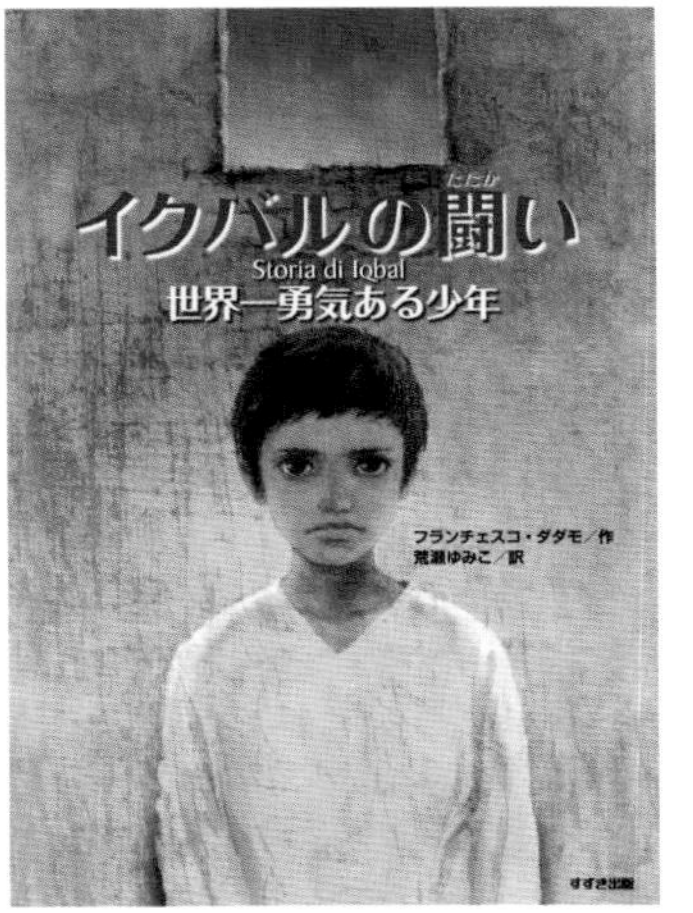

パキスタンのじゅうたん工房で朝から晩まで働かされる子どもたちのお話。いまもなお世界中にいる「児童労働」について考えさせられます。

主人公のイクバルは実在した少年で、彼を紹介した新聞の記事をもとに著者が想像を膨らませて書いたそうです。12歳という同世代の子どもが何を感じ、どんなふうに世界と闘ったのかがよくわかります。

本好き親子隊 オススメ！

子どもたちからのメッセージが伝わる本には
- 『おとなはなぜ戦争をするの』（新日本出版社）
- 『ハンナのかばん』（ポプラ社）
- 『私たちはいま、イラクにいます』（講談社）など

ぼくたちのリアル

ぼくたちは、少しずつ違う。
だから支えあえる。
思春期の葛藤や悩みを通して
描かれた友情物語。

●著／戸森しるこ　●絵／佐藤真紀子　●講談社

複雑な人間の心がリアルに表現されていて、大人が読んでも子どもの心を理解するのにいいですね。ドキリとするテーマもありますが、それこそがリアルです。

３人の関係、距離感や補い合うバランスがとてもいいです。自分は誰タイプ？ 自分だったらどう行動するかな？などと自分と重ねながら読めますよ。

本好き親子隊 オススメ！

戸森しるこの本には

●『ゆかいな床井くん』
●『十一月のマーブル』
●『ぼくらは星を見つけた』（いずれも講談社）など

学年で一番の人気者璃在（リアル）に対して、幼なじみの渡はコンプレックスを感じていました。璃在と比べられるのがいやになり、璃在をさけるようになりますが、サジが転校してきて少しずつ関係性が変わってきます。リアルの家族の悲しい過去やサジへのいじめを通して、友情を深め、成長していく三人。それぞれの個性を認め合いながら、コンプレックスも消えていきます。

ＬＧＢＴや繊細な悩みも出てきますが、テンポの良い文章で重くなりすぎず、読書感想文課題図書にもなりました。

対象学年
5・6年生
● 読み物
● 読書感想文

なりたいわたし

友達関係のなかで考える
なりたい私ってどんな私？

●作／村上しいこ　●絵／北澤平祐　●フレーベル館

対象学年
3・4・5年生

●読み物
●読書感想文

学童クラブで放課後を過ごす4人の女の子の物語。3年生のクラス替えでほかの3人と組が離れてしまった千愛《ちなる》。取り立てて事件があったわけでも誰かとけんかをしたわけでもないのに、あるひと言がきっかけでギクシャクとしたものを感じはじめます。思春期の入り口にいる女の子たちの友情と悩み、将来への憧れを描いた、やさしくてちょっぴりほろ苦い物語。

本好き親子隊 オススメ！

村上しいこの本には
●『れいぞうこのなつやすみ』（PHP研究所）
●『うたうとは小さないのちひろいあげ』（講談社）
●『みんなのためいき図鑑』（童心社）など

氷石

傷つきながらも
前向きな生き方を取り戻す少年。

●作／久保田香里　●画／飯野和好　●くもん出版

対象学年
5・6年生

●読み物
●読書感想文

天平9年の平城京が舞台のお話。主人公の千広は都で蔓延した疫病で母をなくし、父は遣唐使として大陸に渡ったまま帰らない中、たったひとりで、自暴自棄な毎日を過ごしていました。そんなとき、市で宿奈という少女、法師伊真と出会い、少しずつ前を向き始めようとします。傷つきながらも自分の道を見つけよとする千広をきっと応援したくなります。

本好き親子隊 オススメ！

久保田香里の本には
●『青き竜の伝説』
●『緑瑠璃の鞠』（いずれも岩崎書店）

髪がつなぐ物語

同じ年頃の子どものなかに
深刻な悩みを持つ子がいる。
そんな誰かのために
自分にもできることがある。
小学生が取材したノンフィクション。

●著／別司芳子　●文研出版

家族、友達、学校、そして社会と、少しずつ世界が広がるなかで、自分にできることをみつけ行動するって素敵です。

本好き親子隊 オススメ！

社会の役に立つことを考える本には

- 『世界がぐっと近くなる　SDGsとボクらをつなぐ本』（Gakken）
- 『はじめての子ども手話』（主婦の友社）
- 『地球をまもるってどんなこと？ 小学生のわたしたちにできること』（KADOKAWA）など

4年生の美空が、「ヘアドネーション」という活動があることを知り、活動内容を取材し、美空自身が髪を寄付することを決意するまでのノンフィクションです。

医療用ウィッグを作るための髪を寄付することが、癌や脱毛・無毛症といった病気で髪の毛のない子どもたちにとってどんなに嬉しいことなのか、髪を寄付する子ども、ウィッグを受けとる子どももそれぞれの心情が伝わります。

年齢や性別に関係なく、子どもでもできる社会貢献活動があることを知れるでしょう。

対象学年
4・5・6年生
● 絵本

願いがかなうふしぎな日記

本当に叶えたかった願いとは？努力を知る知少年の成長物語。

●著／本田有明　●PHP出版

対象学年
4・5・6年生
●
絵本
●
読書感想文

本好き親子隊 オススメ！
本田有明の本には
- 『願いがかなうふしぎな日記 光平の新たな挑戦』（PHP出版）
- 『望みがかなう 魔法の日記』（PHP出版）
- 『勇気を出して、はじめの一歩』（小峰書房）
- 『ここではない、どこか遠くへ』（小峰書房）など

亡くなったおばあちゃんから、「望みはこれに書いておくといいよ。きっとかなうから」と日記をもらった光平。水泳教室で溺れてから「オボレンジャー」とあだ名を付けられた光平は、今年こそ泳げるようになりたいと願います。けれど泳げるようになりません。おばあちゃんの日記を「本物」にするために、願いを叶えるべく奮闘する光平の成長の物語です。

リズム

主人公はまるで自分と感じさせてくれる、そんなお話。

●作／森絵都　●講談社

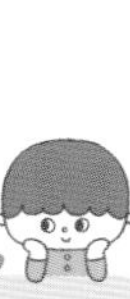

対象学年
5・6年生
●
読み物
●
読書感想文

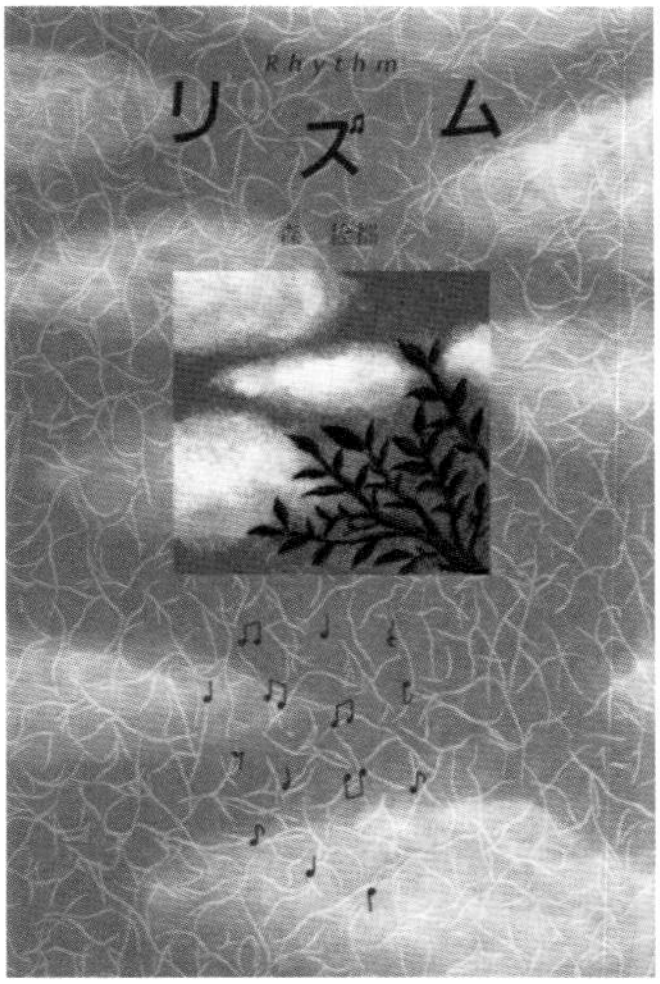

本好き親子隊 オススメ！
森絵都の本には
- 『永遠の出口』（集英社）
- 『ゴールド・フィッシュ』※続編（講談社）
- 『つきのふね』（講談社）など

中学1年のさゆきは勉強嫌いのどこにでもいる少女。近所に住むいとこの真ちゃんは高校もやめてバンドばかりしているから、周りにはあまり良く思われていないけど、さゆきは真ちゃんが大好きです。大人への反抗、兄弟ゲンカ、友だちとの会話などは子どもたちと重なることばかりのはずです。読み終わると『リズム』の意味がとても心に響いてきます。

ものぐさトミー

何でも機械にたよる
ものぐさすぎるトミーの結末は？
ページをめくるたびに
トミーの状況に大笑い！

●文・絵／ペーン・デュボア　●訳／松岡享子　●岩波書店

こんな話は読んだことがありません。最後にトミーが「おしまいだ」と言いますが、お腹をかかえて笑いました。

本好き親子隊 オススメ！

笑える絵本には

- 『こんもりくん』（偕成社）
- 『世界一ばかなわたしのネコ』（平凡社）
- 『もっちゃうもっちゃう もうもっちゃう』（徳間書店）など

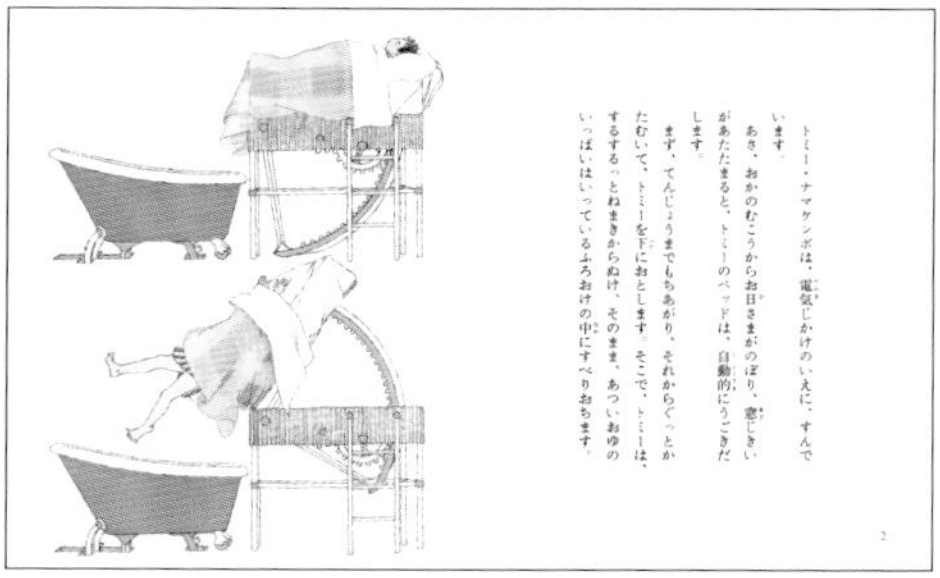
トミー・ナマケンボは、電気じかけのいえに、すんでいます。
あさ、おかのむこうからお日さまがのぼり、窓じきいがあたたまると、トミーのベッドは、自動的にうごきだします。
まず、てんじょうまでもちあがり、それからぐっとかたむいて、トミーを下におとします。そこで、トミーは、するするっとねまきからぬけ、そのまま、あついおゆのいっぱいはいっているふろおけの中にすべりおちます。

ベットからお風呂に入るのも機械がやってくれます。

対象学年
3・4年生
●
読み物

表題作の通り、ものぐさのトミーは電気仕掛けの家に住んでいます。起きるのもお風呂に入るのも、食事をするのも全部勝手に機械がやってくれます。何でも機械がやってくれるなんて、子どもにとっては夢のような世界。ちょっとトミーがうらやましいと思うかもしれませんが…。ところがある夜、嵐がやってきて停電になります。電気にたよっていたトミーの運命はいかに⁉

トミーのものぐさぶりの絵も面白く、天国から地獄へと落とされてしまうストーリーにも大笑いできます。

カッパのぬけがら

個性的なカッパと
奇想天外な展開が面白い！

●作／なかがわちひろ　●理論社

対象学年
3・4年生
●
読み物

ひょんなことからカッパのぬけがらを着たゲンタは、カッパの国でカッパとひと夏、いろいろな体験をします。カッパを題材にした本はたくさんありますが、この本の設定とアイデアが面白い。カッパとの出会い、カッパとの友情、カッパとの別れなど、どこをとっても笑ってしまうシーンがあり、いつの間にかカッパの魅力にハマってしまいます。

本好き親子隊 オススメ！

カッパ好きの子どもには

- 『がっこうかっぱのイケノオイ』（童心社）
- 『カッパのかーやん』（新日本出版社）
- 『河童のクゥと夏休み』（岩崎書店）
- 『カッパの生活図鑑』（国土社）など

ソメコとオニ

恐そうな鬼が出てくるのに、
笑ってしまうオチがいい！

●作／斎藤隆介　●絵／滝平二郎　●岩崎書店

対象学年
3・4年生
●
絵本
●
読み聞かせ

『モチモチの木』でもおなじみの名コンビふたりの作品。5歳のソメコをさらって悪だくみを考えていたオニが、反対にソメコに振り回される様子が何ともおかしい。オニの困りようが最後の手紙に切実に書かれています。斎藤氏の作品の中では珍しく笑える物語です。また、滝平氏のきり絵はさすがです。オニの表情も変わり具合も楽しめます。

本好き親子隊 オススメ！

斎藤隆介・滝平二郎の絵本には

- 『かみなりむすめ』
- 『花さき山』
- 『ふき』
- 『モチモチの木』
- 『ユとムとヒ』（いずれも岩崎書店）など

まほうのじどうはんばいき

こんな自動販売機があったらいいいな!
だけではない。
それで本当にいいの?
までを主人公と考えてみよう。

●作/やまだともこ　●絵/いとうみき　●金の星社

夢を叶えてくれる道具は、子ども達の憧れ! でも、ただ喜んで終わらずに、これで本当にいいの? までがお話に。

子どもの気持ちだけでなく、お母さんがこうへいの様子に少し不安になったりする気持ちも母親として共感です!

本好き親子隊 オススメ!

やまだともこの本には

●『かえってきた まほうのじどうはんばいき』
●『まほうのゆうびんポスト』(いずれも金の星社)など

こうへいは、「あなたのみかた」と書かれた不思議な自動販売機をみつけます。なんと、ボタンを押すとそのときに必要なものが何でも出てくるのです。味をしめてどんどん販売機に頼るようになるこうへい。そんなこうへいの様子をみて、しだいに心配になったお母さんが販売機のボタンを押すと、突然消えてしまいます。

欲しいものがなんでも出てくるなんて夢のような自動販売機ですが、次は何が出てくるのかな?とワクワクと楽しむ一方で、本当にそれでいいのかな?と考えさせられることも。

対象学年
1・2年生

● 言葉
● 読み聞かせ

おおきな　おおきな　おいも

子どもの想像力のすばらしさに脱帽のお話。

●作・絵／赤羽末吉　●福音館書店

対象学年
1・2年生
●
絵本
●
読み聞かせ
●
読書感想文

鶴巻幼稚園・市村久子の教育実践による
おおきなおおきなおいも
赤羽末吉 さく・え

いもほり旅行の日、あいにくの雨で子どもたちはガッカリ。ところが、みんなで大きなおいもを描き始めます。大きな紙をつなぎあわせてできたのは、見たこともないような大きな大きなおいも!? 船にしたり、恐竜にしたり、料理をしたり、あれこれと壮大で斬新なアイデアで、おいもと奮闘し遊ぶ子どもたち。とにかく、想像力のすばらしさに脱帽です！

本好き親子隊 オススメ！
赤羽末吉の本には
●『王さまと九人のきょうだい 中国の民話』（岩波書店）
●『スーホの白い馬 モンゴル民話』（福音館書店）
●『ほしになったりゅうのきば 中国の民話』（福音館書店）
●『まのいいりょうし』（福音館書店）など

もしもロボットとくらしたら

ちょっぴり怖いSFがいまでは身近な物語に！

●著／山本省三　●ＷＡＶＥ出版

対象学年
2・3年生
●
読み物

山本省三
もしもロボットとくらしたら

ロボット研究をしている両親が、ある日ロボットを家に連れてきました。一緒に暮らすことになりますが、ロボットはどうやら、人間の赤ちゃんみたいにできないことやわからないことが多い様子。そこで、いろんなことを教えてあげることにしましたが…。ロボットとの生活が身近になりつつあるいま、人間にしかできないことを考えさせられます。

本好き親子隊 オススメ！
この本のシリーズには
●『もしも宇宙でくらしたら』
●『もしも月でくらしたら』
●『もしも恐竜とくらしたら』（いずれもWAVE出版）

となりのせきのますだくん

学校に行きたくない原因は、隣の席のいじわるなあの子…。でも本当は、ちょっとは優しいところもあるのかも!? 小学生の気持ちを丁寧に描いた絵本。

●作・絵／武田美穂　●ポプラ社

となりのせきのますだくん
武田美穂 作・絵
こっから でたら ぶつからな。

同シリーズに、ますだくんからの目線で描かれた『ますだくんのランドセル』があって、これを読むともっと面白いよ。

あたまがいたく なればいいのに。
おなかがいたく なればいいのに。
ねつが でれば いいのに。
ガチャ

コマで割られたマンガのような構成が特徴的。

本好き親子隊 オススメ！

この本のシリーズには

- 『ますだくんのランドセル』
- 『ますだくんの１ねんせい日記』
- 『ますだくんとはじめてのせきがえ』
- 『ますだくんとまいごのみほちゃん』

（いずれもポプラ社）

対象学年
2・3年生
●
絵本

「わたし、きょう、学校へいけない気がする。だって…。」と始まる主人公・みほちゃんの憂鬱な朝。実は隣の席のますだくんが怖くてしかたないのです。なぜ怖いのかをみほちゃんは語るのですが、みほちゃんの心の目を通しているせいか、ますだくんがいじわるな顔をした怪獣の姿で描かれているのがユニーク！

ありふれた学校生活の何気ない出来事に、小学生の気持ちがいっぱい溢れていて子どもも大人も共感できる作品です。マンガのようにコマ割りされた絵も新鮮で、楽しく読めるでしょう。

大きい1年生と小さな2年生

対照的なふたりだからこそ、互いから学ぶことってあるよね。

●作／古田足日　●絵／中山 正美　●偕成社

対象学年
2・3・4年生
●絵本
●読書感想文

からだは大きいけれどちょっぴり泣き虫の1年生のまさやと、からだは小さいけれどしっかり者でけんかも強い2年生のあきよ。ある日、3年生の男の子たちとケンカになり…。

小学校に入学すると、ワクワクと同時に不安もあるものですが、人との関わりの中でぐんと成長、自立する姿に勇気がもらえるでしょう。

本好き親子隊 オススメ！

古田足日の本には
- 『ロボット・カミイ』(福音館書店)
- 『宿題ひきうけ株式会社 新版』(理論社)
- 『モグラ原っぱのなかまたち』(あかね書房)
- 『ダンプえんちょうやっつけた』(童心社)など

先生、しゅくだいわすれました

これを読むとみんな宿題をやりたくなる！

●作／山本悦子　●画／佐藤真紀子　●童心社

対象学年
2・3・4年生
●読み物
●読書感想文

宿題を忘れたゆうすけ。口からでまかせのうそで言い訳をしていると、「だめだなあ、うそをつくならもっと上手につかなくちゃ」と先生に言われてびっくり！「すぐばれるようなのはだめよ。それから、聞いた相手が楽しくなるようなのじゃなくちゃ」と続けます。

次の日から子どもたちは宿題ができなかった理由を考えてきて発表することに…。

本好き親子隊 オススメ！

うそについての本には
- 『エイドリアンはぜったいウソをついている』(岩波書店)
- 『うそ』(金の星社)
- 『アーマのうそ』(文渓堂)
- 『皇帝にもらった花のたね』(徳間書店)

しらんぷり

いじめる人
いじめられる人
そして、しらんぷりする人。
本当はしらんぷりする人が
一番多いのです。

●作・絵／梅田俊作、梅田佳子　●ポプラ社

衝撃です。ここまでズバっといじめについて書かれていて、ドキっとさせる絵本はありません。それでも読んでほしい。

主人公のいやな気分がランドセルにつまってる。

本好き親子隊 オススメ！

いじめをテーマにした
梅田俊作、梅田佳子の本には
●『タイヨオ』
●『あしたへのまわり道』
（いずれもポプラ社）など

対象学年
5・6年生
● 絵本
● 読書感想文

同級生がいじめられていても見なかったふりして助けない。自分がいじめられる側になりたくないから。でも、「しらんぷりもいじめと同じ」なのです。

いじめる側もいじめられる側もしらんぷりする側も、各々の立場での気持ちがよく描かれています。きっといじめをしらんぷりしてしまう主人公の気持ちが他人事と思えないはずです。

モノクロの迫力のある挿絵が文章を読む前に飛びこんできます。絵を見ているだけでも、主人公の心の描写が心に響いてくる絵本です。

百まいのドレス

いじめの問題を丁寧に描いた秀作。

●作／エレナー・エスティス ●絵／ルイス・スロボドキン
●訳／石井桃子 ●岩波書店

対象学年
3・4年生
●読み物
●読書感想文

難しい言葉を使わずに、いじめの本質を描いたお話。「百まいのドレスを持っている」と言い張るワンダを、人気者のペギーを筆頭にクラスの女の子たちはからかいます。ある日からワンダは姿を見せなくなり…。

いじめだと思っていなくても、いじめている場合があること、いじめを止めたくてもできない子どもの葛藤が描かれています。

本好き親子隊 オススメ！

エレナー・エスティスの本には
●『元気なモファットきょうだい』
●『ジェーンはまんなかさん』
●『すえっ子のルーファス』
●『モファット博物館』（いずれも岩波書店）など

ツー・ステップス！

ある日突然、仲間はずれになったら…どうする？

●作／梨屋アリエ ●絵／菅野由貴子 ●岩崎書店

対象学年
5・6年生
●読み物
●読書感想文

オノザこと小野崎藍は小学5年生。アイアイ、コッコ、ユキポとは仲良し4人グループのはずが…。みんなが憧れるブランドのマフラーをしてきたことによって、微妙な空気が流れ始めます。仲間はずれにされないためには、みんなと同じでいることが大事なのでしょうか？ オノザは悩みます。

本当の友だちって何だろうと考えさせられるお話です。

本好き親子隊 オススメ！

友だち関係を考える本には
●『フレンドー空人の森へ』（教育画劇）
●『もうすぐ飛べる！』（大日本図書）
●『わたしから、ありがとう』（岩崎書店）など

二番目の悪者

噂に流されずに判断することの大切さを教えてくれる。

●作／林木林　●絵／庄野ナホコ　●小さい書房

対象学年
4・5・6年生
● 絵本
● 読み聞かせ
● 読書感想文

本好き親子隊 オススメ！

メディアリテラシーについての本には

●『10 歳からの 図解でわかる メディア・リテラシー「情報を読み解く力＆発信する力」が身につく本』（メイツ出版）
●『それって本当？メディアリテラシーはじめよう　フェイクニュースとクリティカルシンキング』（岩崎書店）

一国の王になりたかった金のライオンは、次の王様候補として銀のライオンが噂されていることを疎ましく思い、銀のライオンの悪い噂を広めます。インターネット社会にも応用して考えさせられる物語です。

高学年や中学校で道徳の授業などでも題材になることもある絵本です。2番目に悪いのは誰かを親子で話し合ってみるのもいいでしょう。

飛ぶ教室

寮生活を通して成長する5人の少年たちのお話。

●作／エーリヒ・ケストナー　●訳／池田香代子　●岩波書店

対象学年
4・5・6年生
● 読み物
● 読書感想文

本好き親子隊 オススメ！

エーリヒ・ケストナーの本には

●『エーミールと探偵たち』
●『点子ちゃんとアントン』
●『わたしが子どもだったころ』（いずれも岩波書店）など

クリスマス直前、ドイツの高等中学校の寄宿舎を舞台にした物語。個性や性格の違う5人の少年たちが仲間同士、大人たちと巻き起こす心温まるエピソードが描かれています。

特に、家が貧しくてクリスマス休暇に家へ帰れなくなってしまう少年の話は胸を打たれます。正義、勇気、本当の友情とは何なのかを考えさせられる不朽の名作です。

マザーグースのうた

●絵／堀内誠一　●訳／谷川俊太郎　●草思社

声に出して読みたい伝承童話、全30篇。原文（英文）も収録されています。

あかいくつ

●作／アンデルセン　●文／神沢利子　●絵／いわさきちひろ　●偕成社

アンデルセン童話の幻想性豊かな世界をいわさきちひろによって美しく描かれた一冊。

絵本 きつねのでんわボックス

●作／戸田和代　●絵／たかすかずみ　●金の星社

読む度に泣ける、病気の母親に電話をかけにやってくる男の子を見守るきつねのお話。

ドリトル先生アフリカへ行く

●著／ヒュー・ロフティング　●訳／金原瑞人、藤嶋桂子　●竹書房

動物のお医者さん、ドリトル先生の優しさと生きざまに心揺さぶられるシリーズ。

どろんこハリー

●文／ジーン・ジオン　●絵／マーガレット・ブロイ・グレアム　●訳／わたなべしげお　●福音館書店

お風呂ぎらいのいたずら犬、ハリーの姿が愛くるしい、ロングセラー絵本。

さる・るるる

●作／五味太郎　●絵本館

さるの1日を、たった２文字の言葉だけで表現したユーモアあふれる絵本。

にじいろの さかな

●作／マーカス・フィスター　●訳／谷川俊太郎　●講談社

大切なものをみんなで分かち合うことを教えてくれるスイス刊の人気シリーズ。

わすれられない おくりもの

●作・絵／スーザン・バーレイ　●訳／小川仁央　●評論社

死について取り扱いながらも、最後には爽やかで前向きな気持ちになれる絵本。

うさぎのさとうくん

うさぎになることを決めた
さとうはねるくん。
海外の翻訳本でも話題を集める
ちょっぴりシュールな物語。

●作・絵／相野谷由起　●小学館

うさぎの さとうくん
さく・え 相野谷由起
さとうくんは あるひ
うさぎに なりました。
小学館

ちいさな いけ
うさぎのさとうくんが、
にわの うえきに みずを やっています。
ながい ホースで みずを やっています。
ホースの みずは どこから
でてくるのでしょう。
いえの よこを とおって――

「ちいさないけ」「くさのうみ」「ほしのよる」「そらのまど」など、7つの物語が収録されています。

水やりの終わりの合図が虹だなんて、子どもの頃に夢見た世界そのもの。ささやかな生活にワクワクが詰まっています。

本好き親子隊 オススメ！

この本のシリーズには

- 『うさぎのさとうくん　つきよ』
- 『うさぎのさとうくん　こうちゃのうみ』
- 『うさぎのさとうくん　あさひ』（いずれも小学館）

対象学年
1・2年生
絵本
読み聞かせ

不思議な世界観にほっこりとする「うさぎのさとうくん」。うさぎになることを自分の意思で決めたさとうくんは、以来、ずっとうさぎとして暮らしています。そんなさとうくんの暮らしぶりはなんとものんびりとしていて幸せそう。庭の植木に水をやるさとうくん。風が吹くよく晴れた日に原っぱで洗濯をするさとうくん。星を集めるさとうくん。ささやかな日常が詩的な文章とやわらかなイラストで描かれて、なぜか引き込まれます。脱力系ファンタジーの世界にはまってシリーズで読みたくなるでしょう。

のろのろひつじとせかせかひつじ

正反対の2匹の姿に癒され友だちとのつきあい方も学べる。

●作/蜂飼耳　●絵/ミヤハラヨウコ　●理論社

対象学年
2・3年生
●読み物
●読書感想文

隣同士に住んでいる、のろのろひつじとせかせかひつじ。性格が違う2匹のほのぼのとした日常やシュールで笑えるエピソードを描いたお話。お互いに認め、助けあう2匹を通し、どちらの性格が良いでも悪いでもなく、相手の個性を尊重しながらつきあうことが大切だというメッセージが伝わってきます。思いがけない最後の展開にも注目。

本好き親子隊 オススメ！

羊が登場するお話は
- 『こひつじクロ』(岩崎書店)
- 『空からきたひつじ』(徳間書店)
- 『ひつじのメイ ぼくのパパとママ』(キッズメイト)
- 『100万匹目の羊』(中央公論新社)
- 『ラルーシとひつじのぼうや』(福音館書店)など

おさるのまいにち

のんびり楽しいおさるの生活をちょっぴりのぞいちゃおう。

●作・絵/いとうひろし　●講談社

対象学年
1・2年生
●読み物

朝おひさまが昇ると目を覚まし、おしっこをしてご飯を食べ、毛づくろいをして木登りしたり、かえるを投げたり水浴びをしたりして遊んで、そして夜寝ます。そんなのんびりで自由なおさるの毎日と、年に一度のお楽しみの出来事を綴った、面白い視点の本です。ゆっくり流れる充実したおさるたちの毎日が、なぜか愛おしく思えちゃう物語。

本好き親子隊 オススメ！

いとうひろしの本には
- 『ごきげんなすてご』(徳間書店)
- 『だいじょうぶ だいじょうぶ』(講談社)
- 『ルラルさんのにわ』シリーズ(ポプラ社)など

シャーロットのおくりもの

豚とクモの友情が
生きる価値を教えてくれる
「奇跡がある」と同時に
「生命の終わり」という悲しさも…。

●作／E.B.ホワイト ●絵／ガース・ウイリアムズ
●訳／さくまゆみこ ●あすなろ書房

対象学年
3・4年生
● 読み物
● 読書感想文

子ども向けの本ですが、大人が読んでも泣いてしまうほど、素敵な本です。命と友情の大切さを教えてくれます。

読みながら心が温かくなり、悲しくもなる、そんな本です。一冊でたくさんのことが感じ、学べる本といえばコレがいい。

本好き親子隊 オススメ！

E.B.ホワイトの名作には
●『スチュアートの大ぼうけん』（あすなろ書房）
●『白鳥のトランペット』（福音館書店）など

豚のウィルバーとクモのシャーロットの友情を描いたお話。アメリカの子どもはみんな読んだことがあるというくらい、人気の作品だそうです。

シャーロットはハムにされそうなウィルバーの命を、自らのクモの糸でメッセージを綴り救います。けれど、シャーロットに生命の終わりが近づいて…。

農場での様子や動物たちの心の描写が丁寧に描かれ、命と友情の大切さを教えてくれます。

また、クモの一生もわかります。ときには楽しく、ときに悲しい…様々な感情がこみ上げてくる一冊です。

木を植えた男

どんぐりを植え続けた男は世界で最も美しい景色を作った。

●作／ジャン・ジオノ ●絵／フレデリック・バック
●訳／寺岡襄 ●あすなろ書房

対象学年
4・5・6年生
● 読み物
● 読書感想文

フランスの奥地の荒れはてた土地で、作者はひとりの無口な羊飼いの男と出会います。そこは、村人たちの争いも耐えないようなところでした。そんな中、羊飼いだけは、どんぐりを丁寧に荒れた土地に植え続けます。やがて、戦争から戻った作者がその土地を訪れ見たものとは!? 読んだ後に、誰かに話したくなるほど大好きな一冊になるでしょう。

本好き親子隊 オススメ！

大切なことを教えてくれる本には
●『いのちのおはなし』（講談社）
●『たいせつなこと』（フレーベル館）
●『綱渡りの男』（小峰書店）など

子ぎつねヘレンがのこしたもの

目も見えない、耳もきこえない、においも感じない。それでも…。

●作／竹田津実 ●偕成社

対象学年
3・4年生
● 読み物
● 読書感想文

獣医の竹田津実先生のところにつれてこられた、キタキツネの子ヘレンは、聴覚、視覚、そして嗅覚まで失っている状態でした。そんなヘレンを懸命に世話する竹田津夫妻。本を通して、ひとつの命の尊さや生きることの重みがストレートに伝わってきます。たった1か月の命だったヘレン。それでも子ぎつねがみんなに残したものは大きかったと感じます。

本好き親子隊 オススメ！

動物が登場する感動のお話には
●『とべ！人工尾びれのイルカ「フジ」 世界初のプロジェクトに挑戦した人びと』（佼成出版社）
●『ハラスよ!! ありがとう』（ポプラ社）
●『目の見えない犬ダン』（Gakken）など

さっちゃんのまほうのて

障害という現実を
受け入れようと頑張る少女のお話。
外見や内面に違いはあっても
みんな同じ人間であることを感じてほしい。

●作／たばたせいいち　先天性四肢障害児父母の会
のべあきこ　しざわさよこ　共同制作　●偕成社

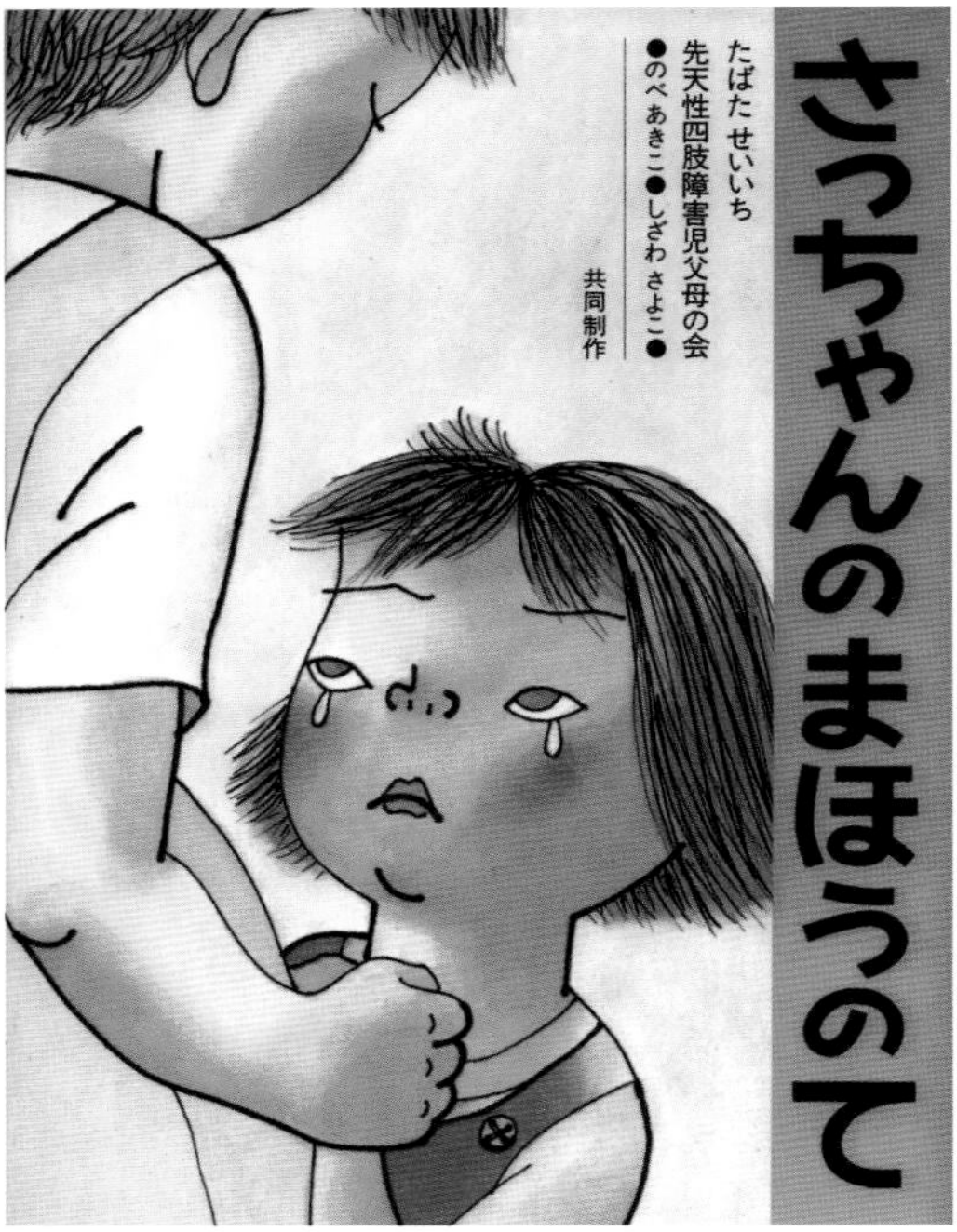

対象学年
2・3年生

読み物
読み聞かせ
読書感想文

子どもはひとりで何度も読み、障害についていろいろ考えたみたい。自分が知らなかった世界に衝撃を受けたよう。

読んであげても、親のほうが泣いてしまって…。さっちゃん、両親、先生、いろんな人の思いが伝わってくるいい本。

本好き親子隊 オススメ！

障害をテーマにしたお話には
●『わたしの足は車いす』
●『見えなくてもだいじょうぶ?』
（いずれもあかね書房）など

生まれつき右手の指のないさっちゃんが、友だちの言葉に傷つきながらも、現実を受け入れようと頑張る姿を描いたお話。

　さっちゃんがどうして指がないのかをお母さんに聞いたとき、お母さんが「おなかの中でけがをして…」と答え、そして「小学生になってもそのままだ」と伝える場面は、何度読んでも胸がしめつけられます。

　障害という難しいテーマですが、決して同情心をあおる描き方ではありません。他者との違いを意識し始める頃の子どもに必ず読ませたい本です。

ぼくのお姉さん

人の心の痛みがわかる「人間」になるには…。

●作／丘修三　●絵／かみやしん　●偕成社

対象学年
5・6年生
● 読み物

知的、身体的な障害のある子どもたちをめぐるお話が6話収録されています。どのお話も終わった後に、何かを心に問いかけてきます。何が良くて何が悪いという話ではなく、人と人が関わって生きていく中で、他者の心の痛みを感じることができる人間になりたいと、そう思わせてくれます。子どもだけではなく、大人にも読んでほしい本です。

本好き親子隊 オススメ！

障害について考える本には

●『えがお、ときどき涙』(旺文社)
●『新ちゃんがないた！』(文研出版)
●『だんご鳥』(新日本出版社)
●『わすれるもんか！』(文研出版)など

兎の眼

口もきかず字も書けない鉄三。でも彼にはたくさんの才能が。

●作／灰谷健次郎　●理論社

対象学年
5・6年生
● 読み物
● 読書感想文

鉄三は小学1年生。ひと言も話さない、字も書けない。担任の小谷先生は、そんな彼に困ってしまいます。ある日、彼がハエを飼っていると知り、ハエの観察をふたりで始めます。先生と生徒のお話ですが、ひとりの子どもの可能性を見い出し、他人とは違ってもその子を信じる先生の姿に感動します。また、鉄三がかわいく、すごい才能の持ち主なんです。

本好き親子隊 オススメ！

灰谷健次郎の本には

●『太陽の子』(理論社)
●『天の瞳』シリーズ(KADOKAWA)
●『ろくべえまってろよ』(文研出版)など

明日のランチはきみと

対照的な少年の視点から
マイノリティを考える。

●作／サラ・ウィークス、ギーター・ヴァラダラージャン　●訳／久保陽子　●フレーベル館

対象学年
5・6年生
●読み物
●読書感想文

インドから転校してきた自信家のラビと、自信がなく消極的なアメリカ人ジョー。違った国で育ち、性格も対照的なふたりが、相手の中に大事なものをみつけていく1週間のお話です。学校と家庭での出来事が交互に語られ、ものごとにはいろいろな見方があることを具体的に感じさせてくれます。ふたりを見守る特別支援教室の先生の言葉も印象的です。

本好き親子隊 オススメ！
サラ・ウィークスの本には
●『SO B. IT』（エクスナレッジ）
●『パイとねこと秘密のレシピ』（岩崎書店）
●『あの日、ぼくが見た空』（エクスナレッジ）など

ありがとう、フォルカーせんせい

学習障害児の心の叫びと
感動の出会いが心にしみる。

●作・絵／パトリシア・ポラッコ　●訳／香咲弥須子　●岩崎書店

対象学年
全学年
●絵本
●読書感想文

本が大好きなのに、ちっとも読めるようにならないトリシャ。学校へ行くようになっても文字も数字も読めません。でも、トリシャは絵を描くのがとっても上手。そんなトリシャが5年生になったとき、新しい先生がやってきて…。失読症のために、14歳になるまで文章を読むことができなかった著者自身の子どものころの体験を綴った絵本です。

本好き親子隊 オススメ！
パトリシア・ポラッコの本には
●『彼の手は語りつぐ』（あすなろ書房）
●『ふたりママの家で』（サウザンブックス社）
●『がらくた学級の奇跡』（小峰書店）など

みんな えがおになれますように ちがうって すてきなこと

多様性を鋭い視点で問う 作家は小学6年生！

●作／うい ●絵／早川世詩男 ●監修／松中権 ●Gakken

対象学年 1・2・3年生
● 読み物

「いつごろから、自分の心は男ではないかもしれないと気づいたのですか？」「男の人になって、うれしかったことは？」など、疑問をモヤモヤと放置せずに、素直に質問し、知ること。それこそが多様性社会の第一歩として必要なことと伝えてくれます。オードリー・タンさん、さとうさん、杉山文野さん、ロバート キャンベルさんへのインタビュー録。

本好き親子隊 オススメ！

実話を元にした絵本には
- 『せかいでさいしょにズボンをはいた女の子』（光村教育図書）
- 『おかえりネル　～保護猫に起きた奇跡の物語～』（出版ワークス）
- 『しげちゃん』（金の星社）など

あおい目のこねこ

自信家のあおい目のこねこの ユニークな冒険ストーリー。

●作／エゴン・マチーセン ●訳／せたていじ ●福音館書店

対象学年 1・2年生
● 絵本 ● 読み聞かせ

あおい目を持ったこねこが、「ねずみのくに」を探しに旅に出かけます。途中、魚やはりねずみなど、いろいろな生きものに出会うけれど、「ねずみのくに」を聞くことができません。しだいに、あおい目のこねこは探すのをあきらめてしまいます。ところが、ちょっとしたきっかけで、なんと「ねずみのくに」を見つけてヒーローになるのです！

本好き親子隊 オススメ！

エゴン・マチーセンの絵本には
- 『さるのオズワルド』（こぐま社）
- 『ひとりぼっちのこねずみ』（福音館書店）

夏の庭 —The Friends—

少年の好奇心から生まれた老人との友情。ひと夏の出来事が彼らに残したものは—。

●作／湯本香樹実　●徳間書店

対象学年
5・6年生
● 読み物
● 読書感想文

本好き親子隊 オススメ！

おじいちゃんが登場する本には
- 『おじいちゃんの桜の木』（小峰書店）
- 『地平線にむかって』（小峰書店）
- 『夏のわすれもの』（文研出版）

など

いまどきの少年という感じで、軽く読み始められます。テンポもよく、話にのめりこんで、最後にはジーンときます。

映画にもなった話題作です。老人の寂しさや少年の心の変化などの描写が上手で、読み終わった後の余韻がいいんです。

「死んだ人が見てみたい」そんなバカげた好奇心（この発想がいまどきの男の子らしい）から、死にそうだという噂のひとり暮らしの老人を見張ることにした3人の少年たち。しかし、いつ死ぬのかと老人を見張るうちにお互いに奇妙な友情が芽生えます。読んでいくうちに老人の過去、3人の少年たちの家庭環境など様々なことが見えてきます。

彼らが経験した夏の出来事に突然終わりが告げられます。それは、まるで幻だったかのような…。こうして、少年たちはひとつ大人になります。

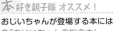

夏休みに、翡翠をさがした

日本の国石、翡翠の産地が舞台の小学生最後の夏休みの冒険。

●文／岡田依世子　●絵／岡本順　●アリス館

対象学年
5・6年生
●読み物
●読書感想文

本好き親子隊 オススメ！
岡田依世子の本には
- 『霧の流れる川』（講談社）
- 『ぼくらが大人になる日まで』（講談社）
- 『わたしたちの家は、ちょっとへんです』（偕成社）
- 『トライフル・トライアングル』（新日本出版社）など

翡翠の国を治めた奴那川姫の末裔と言われている玉江は、小学6年生の夏休みにいとこの哲平、同級生の信彦と3人で、先祖の隠した翡翠探しをすることになって…。

冒険を通し、両親との葛藤やお金で買えない友情と向き合う姿が、さわやかに描かれています。翡翠の産地、新潟県糸魚川に伝わる伝説が背景のモデルになっていて、ロマンを感じます。

じゅげむの夏

やりたいことに挑戦し希望を叶えていく強さに感動！

●作／最上一平　●絵／マメイケダ　●佼成出版社

対象学年
3・4年生
●読み物
●読書感想文

本好き親子隊 オススメ！
最上一平の本には
- 『ようかいばあちゃんとようかいだんしゃく』（新日本出版社）
- 『いのちが かえっていくところ』（童心社）
- 『ひきがえるに げんまん』（ポプラ社）
- 『おばけえん』（教育画劇）など

仲良し4人組のメンバーのひとり、かっちゃんは、最高な夏休みにするためには天神橋から川へ飛び込みをしたいと言います。かっちゃんは筋ジストロフィーという病気ですが、小さい頃から一緒にいる3人にとってそれは特別なことではなく、当たり前のこと。かっちゃんの願いを聞いてあげたくて、3人は準備を万端にして見守るのですが…。

シャイローがきた夏

犬のシャイローを助けるために
奮闘する少年のひと夏の物語。
自分の正義のためについたうそ…。
本当に正しいことってなんだろう？

●作／フィリス・レイノルズ・ネイラー　●絵／岡本順
●訳／さくまゆみこ　●あすなろ書房

シャイローがきた夏
フィリス・レイノルズ・ネイラー
さくまゆみこ 訳

正義を貫こうとしても、最初から正しい方法をとれるとは限らないですよね。行動しながら少しずつ成長するマーティを見守ってあげてくださいね。

マーティの行動に対してお父さんがとった行動がすてきです。親としてこうやって子どもと接することができたらと、私にも参考になりました！

本好き親子隊 オススメ！

この本のシリーズには

●『シャイローと歩く秋』（あすなろ書房）

対象学年
5・6年生
●
読み物
●
読書感想文

11歳の少年マーティは、子犬に出会います。飼い主は嫌われ者のジャド。普段からひどい目にあわされているのか、マーティが近づくと後ずさりをして、声も出しません。マーティはジャドから子犬を守ろうと決意し、「シャイロー」と名付けて家族にも内緒でこっそり世話をしはじめます。内緒ではじめてしまったので、つきたくもない嘘をつかなくてはならず、悩み、考えます。「本当に正しいこと」って何なのだろう？

アメリカのニューベリー賞を受賞し、以前は『さびしい犬』という題で翻訳されていました。

河童のクゥと夏休み

康一とクゥが見せる強さや優しさに心が温まる。

●作／木暮正夫　●絵／こぐれけんじろう　●岩崎書店

対象学年
3・4年生
●
読み物
●
読書感想文

河童のクゥと夏休み
木暮正夫・作
こぐれけんじろう・絵

本好き親子隊 オススメ！
この本のシリーズには
●『クゥと河童大王』（岩崎書店）
不思議なものと出会う本には
●『キツネ山の夏休み』（あかね書房）
●『霧のむこうのふしぎな町』（講談社）など

小学4年生の康一は河原で不思議な石を見つけます。その石を割って水をかけたところ、なんと中から河童が出てきます。クゥと名づけられた河童は康一と康一の家族たちと暮らし始めます。康一とクゥの温かな友情、そして仲間を探すクゥの冒険が描かれています。ふたりの交流に心が優しくなるような素敵な余韻が残る作品です。

霧の向こうのふしぎな町

仕事を通して成長する6年生リナのひと夏。

●作／柏葉幸子　●絵／杉田比呂美　●講談社

対象学年
5・6年生
●
読み物
●
読書感想文

講談社 青い鳥文庫
霧《きり》のむこうのふしぎな町《まち》
柏葉幸子／作　杉田比呂美／絵

本好き親子隊 オススメ！
柏葉幸子の本には
●魔女が相棒？ ねぐせのヤマネ姫』（理論社）
●『つづきの図書館』（講談社）
●『ミラクル・ファミリー』（講談社）など

心躍る夏休み。ちょっぴり泣き虫な6年生のリナは、父親のすすめで夏休みにひとりで霧の谷に滞在することになります。そこで出会った個性豊かなへんてこりんな人々との交流と、リナが少しずつ自立する姿が、みずみずしく描かれています。『千と千尋の神隠し』に影響を与えたファンタジーとしても有名です。

十歳のきみへ

九十五歳のわたしから

いのちとは、家族とは、人間とは…
かつて10歳だったすべての人へ
遺されたメッセージに
勇気づけられます。

●著／日野原重明　●冨山房インターナショナル

対象学年
4・5・6年生
● 読み物
● 読書感想文

医師としての活動の傍ら、全国の小学校で「いのちの授業」のを重ねてきた著者からのメッセージが詰まった一冊です。

「命とは、人間が（君たちが）もっている時間のこと」という言葉で有名な著書ですが、この本にはほかにも、平和の大切さや許しの心をもつこと、夢をもつことが生きがいを与えてくれること、家族の中で育まれるものなど、子ども達に伝えたいメッセージで溢れています。

『十歳の君へ』というタイトルですが、かつて十歳だったすべての人の身に染みるでしょう。

深いお話ですが、語り口調で読みやすいです。親子で読んで、この本に書かれてあることについて話す機会をもてたらすてきですね。

自分がもっている時間を誰かのために使うことは大切なことなんだなと気づかされました。生きることの意味を考えるきっかけに。

本好き親子隊 オススメ！

日野原重明の本には

- 『明日をつくる十歳のきみへ——一〇三歳のわたしから』（冨山房インターナショナル）
- 『いのちのおはなし』（講談社）
- 『しかえししないよ』（朝日新聞出版）など

ニュースの現場で考える

憧れていた仕事をするまでにたどった話が満載！

●作／池上彰　●岩崎書店

対象学年
4・5・6年生
●読み物
●読書感想文

本好き親子隊 オススメ！

実在する人物の人生がわかる本には
- 『北島康介 世界最速をめざすトップアスリート』(旺文社)
- 『大リーガー イチローの少年時代』(二見書房)
- 『「ハリー・ポッター」の奇跡J.K.ローリング』(文溪堂)など

池上彰氏ならではの、子どもにもわかりやすくて面白く読める、自伝的エッセイです。自分のことを語っているのだけれど、テレビの現場のことまでくわしく書かれていて、へぇーというような話もたくさんあります。他人に何かを伝えることの難しさを語りつつ、テレビの裏側も語りつつ、さらに夢の大切さについても盛りこまれている、ためになる本です。

杉原千畝《すぎはらちうね》物語

命のビザをありがとう

多くのユダヤ人を救った杉原千畝を知っていますか？

●著／杉原幸子、杉原弘樹　●金の星社

対象学年
4・5・6年生
●読み物
●読書感想文

本好き親子隊 オススメ！

日本の偉大な人物の本には
- 『植村直己 地球冒険62万キロ』(金の星社)
- 『自由のたびびと南方熊楠』(PHP研究所)
- 『月のえくぼを見た男 麻田剛立』(くもん出版)
- 『永井隆 平和を祈り愛に生きた医師』(童心社)など

こんな立派な人がいたのかと、改めて感動するとともに、戦争がもたらした多くの不幸を感じさせる実話です。

作者は杉原千畝氏の奥様で、優しくゆったりとした語り口調の文章で読みやすいです。戦争を体験していないはずなのに、当時の様子が想像でき、ひとりでも多くのユダヤ人を救ってあげてほしいと願わずにはいられなくなります。

おこだでませんように

せっかく1年生になったのに
いつも怒られてばかりのぼく。
七夕の日。短冊に書いた願いごと…
それが、「おこだでませんように」。

●作／くすのきしげのり　●絵／石井聖岳　●小学館

きっと子どももこんな気持ちなんだろうと。読んだ親のほうが、いますぐ子どもを抱きしめてあげたくなる絵本です。

いつも怒られてばかりのぼく。
どうして怒られるのだろう…と。

本好き親子隊 オススメ！

くすのきしげのりの本には

- 『あたたかい木』（佼成出版社）
- 『いっしょに読もう いっしょに話そう』（小学館）
- 『みずいろのマフラー』（童心社）

など

対象学年
1・2年生

- 絵本
- 読み聞かせ
- 読書感想文

ぼくは　いつでも　おこられる。いえでも　がっこうでも　おこられる」。というフレーズで始まるので、やんちゃな男の子の愚痴のようなストーリーかと思ったら…。良かれと思ってやったあれこれが、なぜか、お母さんや先生を怒らせてしまうことをとても気にしている主人公。どうしたら怒られなくなるの？　と、小さな心を痛めていました。

そして七夕の日、主人公は覚えたてのひらがなで、一生懸命に願いごとを短冊に書きます。「おこだてませんように」と。子どもの心が見える一冊です。

1ねん1くみ 1ばんワル

くろさわくんとぼくの友情を描いたシリーズ第1弾。

●作／後藤竜二 ●絵／長谷川知子 ●ポプラ社

対象学年
1・2年生
● 読み物
● 読書感想文

1ねん1くみで1ばんワルは、元気いっぱいで乱暴者のくろさわくん。みんなに嫌われてやっかい者扱いされるくろさわくんだけど、先生が優しく導いていきます。そして、少しずつくろさわくんのホントの気持ちに気づく主人公のぼく。やがて、好奇心が友情へと変わっていきます。友情の芽生えや、友だちの気持ちを考えたくなるとっても素敵なお話です。

本好き親子隊 オススメ！

後藤竜二の本には
- 『おかあさん、げんきですか。』（ポプラ社）
- 『キャプテンはつらいぜ』シリーズ（講談社）
- 『12歳たちの伝説』シリーズ（新日本出版社）など

あくたれ ラルフ

あくたれな猫を通して家族愛に気づく。

●作／ジャック・ガントス ●絵／ニコール・ルーベル ●訳／いしいももこ ●童話館出版

対象学年
2・3年生
● 絵本
● 読み聞かせ

セイラが飼っている猫・ラルフは、いたずらが大好き。そんなラルフの悪事に耐えかねた家族は、サーカス団に置いていくことに…。散々迷惑をかけた後に、家族の愛に気づくラルフは、まるで子ども自身のよう。また、どんなにあくたれても、家族の愛は変わらないというメッセージも伝わってきます。個性的な絵やラストの展開もユニーク。

本好き親子隊 オススメ！

あくたれラルフの本には
- 『あくたれラルフのたんじょうび』（PHP研究所）
- 『あくたれラルフのハッピーハロウィン』（出版ワークス）など

猫が登場する本には
- 『ねこのチャッピー』（小峰書店）
- 『わたしはあかねこ』（文溪堂）など

長くつ下のピッピ

世界一強い女の子の
とびきり愉快なお話。
こんな女の子が友だちだったら
毎日退屈しないのに…。

●作／アストリッド・リンドグレーン　●訳／大塚勇三　●岩波書店

対象学年
3・4年生
●
読み物

ピッピは「世界一強い女の子」。サルや馬と一緒に自由気ままに生活しています。親がいなくてもひとりでたくましく生きています。あるときはいじめっ子をやっつけ、あるときは泥棒をやっつけ、あるときには火事の家から子どもたちを助けたりもします。言っていることもやっていることもメチャクチャだけど、どんなときも前向きです。

子どもだけでなく、大人もピッピのファンになってしまいます。ピッピに勇気や元気をもらうために、今日も本を開く子どもが増えそうです。

1作目が気に入ったら、ぜひ2作目以降も。さらに愉快なピッピを楽しめるよ。行方不明のお父さんも登場するからね！

ピッピを見てると、ちっちゃなことで悩んでいることがバカらしくなります。何でもいいように受けとることも必要です。

本好き親子隊オススメ！

この本のシリーズには

●『ピッピ船にのる』
●『ピッピ南の島へ』
（いずれも岩波書店）

ロッタちゃんのひっこし

やんちゃな女の子の心情を巧みに描いた人気シリーズ。

●作／アストリッド・リンドグレーン　●絵／イロン・ヴィークランド　●訳／山室静　●偕成社

対象学年
1・2・3年生
読み物

LOTTA
ロッタちゃんのひっこし
リンドグレーン作　ヴィークランド絵　山室 静訳

やんちゃでちょっとわがままな女の子・ロッタが、家出をするお話。ある朝、夢見が悪くご機嫌ななめのロッタは、ママに八つ当たりしてしまいます。意地を張り続け、ついにはお隣の物置に引っ越しをするのですが…。

子どもならではの想像力豊かな発想や、かわいいわがままが生き生きと描かれ、主人公に共感する子どもも多いでしょう。

本好き親子隊 オススメ！
アストリッド・リンドグレーンの本には
●『エーミルはいたずらっ子』（岩波書店）
●『やかまし村の子どもたち』（岩波書店）
●『よろこびの木』（徳間書店）など

赤毛のアン

世界中の子どもたちに愛され続ける名作！

●作／モンゴメリ　●訳／村岡花子　●ポプラ社

対象学年
5・6年生
読み物

赤毛のアン
Anne of Green Gables
原作 モンゴメリ　訳 村岡花子
ポプラ ポケット 文庫
ポプラ社

孤児院からきた空想好きな少女アン。アンが学校の友だちや家庭の中で繰り広げる、楽しく美しいアヴォンリーの生活が描かれています。そして、アンは持ち前の明るさと利発さで幸福を呼び寄せていきます。アンの成長が描かれたシリーズになっています。原作は1908年にカナダで発表された小説で、現在でも世界中で読み続けられている名作です。

本好き親子隊 オススメ！
女の子が主人公の世界の名作には
●『オズの魔法使い』（岩波書店）
●『小公女』（岩波書店）
●『不思議の国のアリス』（岩波書店）など

もったいないばあさん

おばあさんの口調をまねして
声に出して読みたくなる！
おばあさんだけでなく、
子どもの表情にも注目したい。

●著／真珠まりこ　●講談社

うちの子は、口のまわりに付いた米粒を「もったいなーい」と舐め回されてしまうところでいつも大笑いしてました！

アニメにもなったのでいまや馴染みの主人公かもしれませんね。楽しみながら、ひとりで本を読む練習にもなりますよ。

本好き親子隊 オススメ！

この本のシリーズには

●『もったいないばあさんの　いただきます』
●『もったいないばあさん　もったいない　こと　して　ないかい？』
●『もったいないばあさん　もりへ　いく』（いずれも講談社）など

対象学年
2・3年生
●絵本
●読み聞かせ

書名からも想像できるとおり、「もったいない」を教えてくれる本ですが、特筆すべきはやはり、もったいないばあさんの強烈なキャラクターです。だからこそ説教臭くならずに、ユニークさをもって「物を大切にする」ことの大切さが自然に伝わってきます。なに気ない生活がいかに「もったいない」ことで溢れているのかを再確認でき、はじめてのSDGsの本としてもおすすめです。

親子で読めば、「もったいないばあさんがくるよ！」が家族コミュニケーションに欠かせない言葉になるでしょう。

グレッグのダメ日記

世界中で愛されるダメ少年の等身大の願望と空想の日記。

●作／ジェフ・キニー ●訳／中井はるの ●ポプラ社

対象学年
3・4年生
● 読み物

グレッグは、優等生でも、クラスの人気者でもありません。お金持ちになりたい！ 人気者になりたい！ モテたい！ という子どもらしい願望を抱いたり、ときには友だちをからかって遊んだりもします。

そもそもこの日記を書き始めた理由が、有名になったときのための記録としてなのですから、その奇想天外な子どもらしい考えの面白さは想像できますね。

本好き親子隊 オススメ！

この本のシリーズには
●『グレッグのダメ日記 ボクの日記があぶない！』
●『グレッグのダメ日記 あ〜あ、どうしてこうなるの!?』
●『グレッグのダメ日記 脳みそが、もういっぱい！』
（いずれもポプラ社）など

天のシーソー

日常生活で起こりそうな女の子ミオの物語。

●作／安東みきえ ●理論社

対象学年
5・6年生
● 読み物
● 読書感想文

奔放でいて、繊細さと素直さを持つ小学生のミオ。彼女の日常が6つの物語で綴られています。

近所のサチ姉ちゃんやピンポンダッシュの家にいたおばあさん・マチンバ、転校生の佐野、妹ヒナコ…周囲の人との関わりを通じて成長するミオ。主人公と同世代の子どもたちは、日常生活でありそうなストーリーや、ミオの姿に共感するはずです。

本好き親子隊 オススメ！

安東みきえの本には
●『頭のうちどころが悪かった熊の話』（新潮社）
●『おじいちゃんのゴーストフレンド』（佼成出版社）
●『夕暮れのマグノリア』（講談社）など

たくさんのふしぎ傑作集
絵くんとことばくん

おこづかいアップを
ねだるために考えたポスター。
目的はひとつでも
いろいろな伝え方がある。

●作／天野祐吉　●絵／大槻あかね　●福音館書店

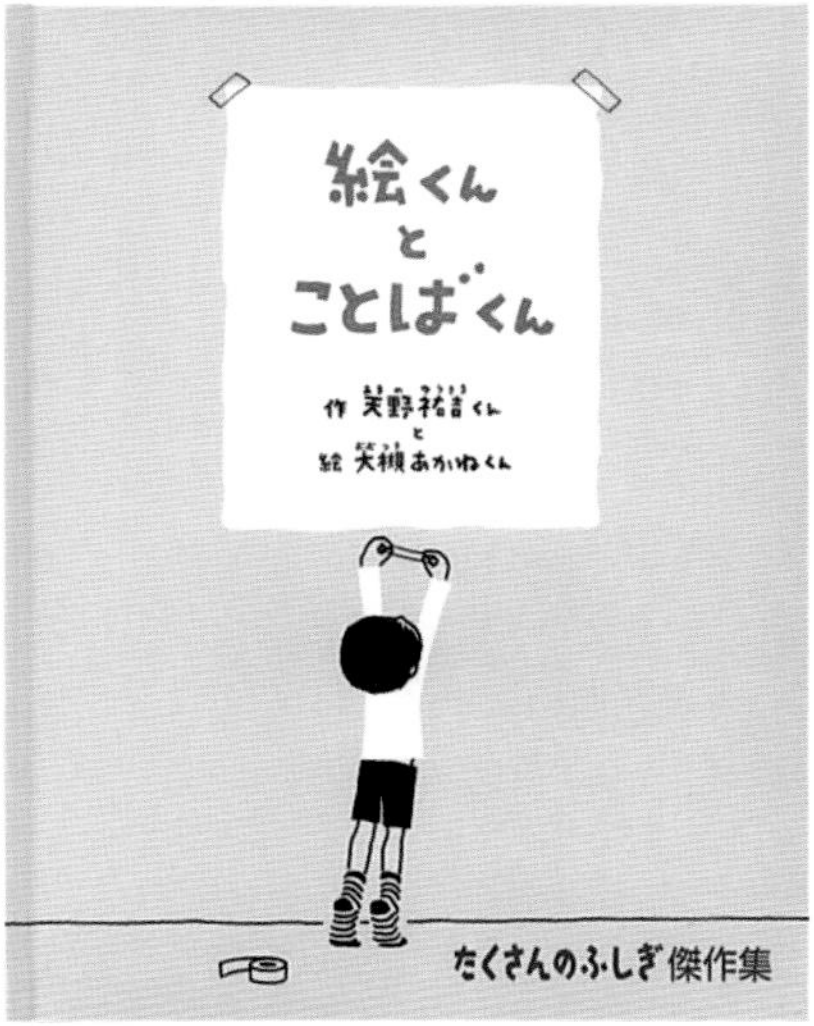

対象学年
3・4年生
●絵本
●言葉

おこづかいアップをお母さんに訴えるためにポスターを作ることにした優太（4年生）。考えていくうちに頭の中で「絵」と「ことば」がいろいろな意見を言い出します。あでもない、こうでもない、もっといい絵はないか、もっといい言葉はないかとアイデアを張りめぐらせます。おこづかいアップを訴えるだけで、いったいいくつのポスターができたと思いますか？　どのポスターもなかなかのデキです。最終的に優太が選んだポスターにも注目してみてください。言葉と絵の面白さが味わえる作品です。

気持ちを伝えるのにこんなにたくさんのアイデア（絵と言葉）があるんだって、純粋に感動！　どれもいいポスターなの。

あれこれと考えるうちにこんなにたくさんできました。

本好き親子隊 オススメ！

この本のシリーズには
- 『絵ときゾウの時間とネズミの時間』
- 『世界あちこちゆかいな家めぐり』
- 『ダーウィンのミミズの研究』
- 『ノラネコの研究』
- 『夢ってなんだろう』
- 『和菓子のほん』

（いずれも福音館書店）など

ソラモリさんとわたし

小学6年生のわたしの「言葉」がちょっとだけ大人になるまで。

●作／はんだ浩恵　●装画・挿絵／北村英理　●フレーベル館

対象学年
5・6年生
●
読み物

本好き親子隊 オススメ！
この本のシリーズには
●『満月のとちゅう』（フレーベル館）

コピーライターのソラモリさんと、6年生の美話のひと夏の交流を描いた物語です。伝えたいことはたくさんあるのに、なかなか言葉にできない美話は、ソラモリさんから〈言葉レッスン〉を受け、徐々に言葉が開花していきます。

言葉をちゃんと使えるひとになれると、人との関係や自分をとりまく社会が広がる、言葉の力に感動せずにはいられません。

それで、いい！

上手か下手かよりも大切なことがある。

●作／礒みゆき　●絵／はたこうしろう　●ポプラ社

対象学年
1・2年生
●
読み物
●
読書感想文

本好き親子隊 オススメ！
絵を描きたくなる絵本には
●『こんにちは！わたしのえ』（ほるぷ出版）
●『アートとマックス』（BL出版）
●『おおにしせんせい』（講談社）など

絵を描くのが大好きなきつねは、先生に誘われて展覧会に自分の絵を出品することになりました。「上手に描こう！」と意気込みますが、なぜか不安ばかりがつのって、絵を描くことが楽しくなくなってしまいます。

「人からどう見られるか」と「ありのままの自分」のはざまできつねがとった行動は？　うさぎとの友情も必見です。

みみずのたいそう

美しい言葉のシャワーが
表現する力と
いろいろな想像力を養う
アンソロジー詩集。

●編／市河紀子　●絵／西巻茅子　●のら書店

詩はともだち
みみずのたいそう
市河紀子 編　西巻茅子 絵

一冊の中に日本を代表する詩人の作品がつまっています。子どもが親しみやすい絵もいいですね。音読にもぴったり！

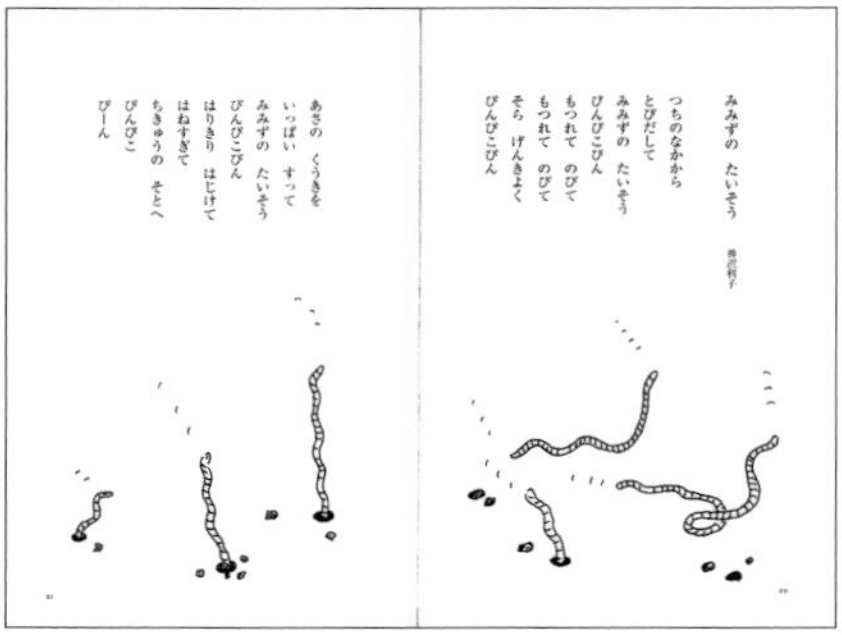

みみずの　たいそう

つちのなかから
とびだして
みみずの　たいそう
ぴんぴこぴん
もつれて　のびて
もつれて　のびて
そら　げんきよく
ぴんぴこぴん

あさの　くうきを
いっぱい　すって
みみずの　たいそう
ぴんぴこぴん
はりきり　はじけて
はねすぎて
ちきゅうの　そとへ
ぴんぴこ
ぴーん

表題にもなっている「みみずのたいそう」の詩。

本好き親子隊 オススメ！

7名の詩人・作家の詩集には
- 神沢利子『おめでとうがいっぱい』
- 岸田衿子『たいせつな一日』
- 工藤直子『のはらうた』シリーズ
- 阪田寛夫『てんとうむし』
- 谷川俊太郎『ことばあそびうた』
- まど・みちお『ぞうさん・くまさん』
- 与田準一『ぼくがかいたまんが』など

対象学年
2・3・4年生
● 言葉
● 音読

神沢利子、岸田衿子、工藤直子、阪田寛夫、谷川俊太郎、まど・みちお、与田準一の日本を代表する詩人&作家の詩を46編収録。どの詩も日本の言葉の美しい響きや優しい表現が並んでいます。

子どもが飛びつきそうなタイトルの詩、「おしっこのタンク」（阪田寛夫）や「おならは えらい」（まど・みちお）もあってとても親しみやすい本です。小学生の時期にたくさん出会ってほしいのが、想像力を高める言葉のシャワーです。この本だったら、きっとお気に入りの詩が見つかるはずです。

のはらうたⅠ

本を開けば、のはらの仲間たちのおしゃべりが聞こえる。

●作／工藤直子　●童話屋

対象学年
全学年

●言葉
●音読

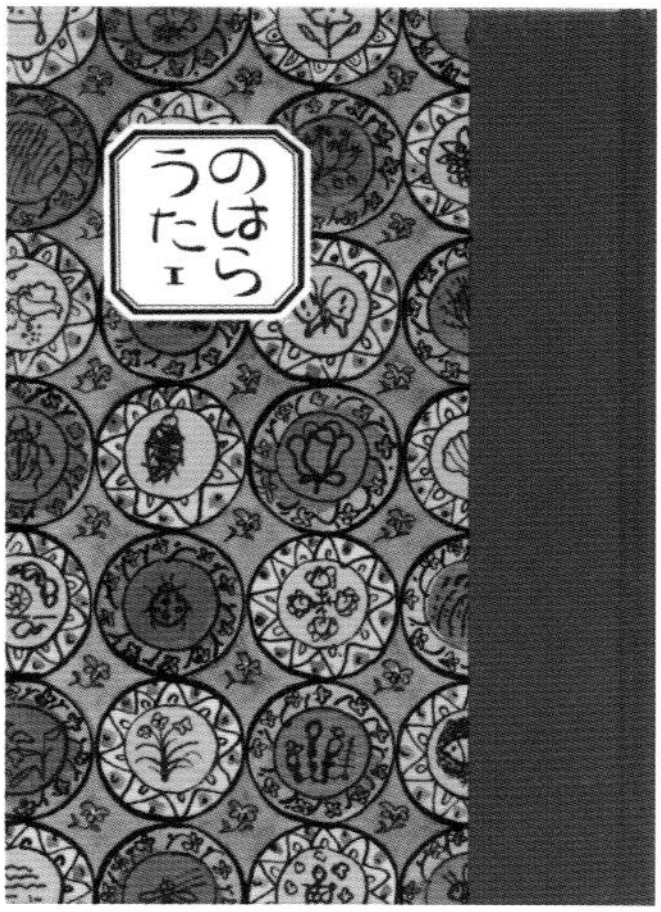

詩人、工藤直子さんの手のひらサイズの詩集。ウサギやアゲハチョウ、アリンコ、ミノムシ、カブトムシにアヒルやヒヨコ、サワガニなど、のはらに暮らす生きもののおしゃべりが綴られたかわいい詩。のはらのみんなと自然たちの声を聞きながら風景を想像しながら、まるで歌うように読んでみてください。自然と友だちになったような気持ちになれます。

本好き親子隊 オススメ！

工藤直子の本には
- 『のはらうた』シリーズ（童話屋）
- 『こぶたはなこさんのおべんとう』（童話屋）
- 『ともだちは海のにおい』（理論社）
- 『ともだちは緑のにおい』（理論社）など

みみをすます

しずかにまっすぐ心に届く和語が紡ぐ詩集。

●詩／谷川俊太郎　●絵・装本／柳生弦一郎　●福音館書店

対象学年
3・4・5・6年生

●言葉
●音読

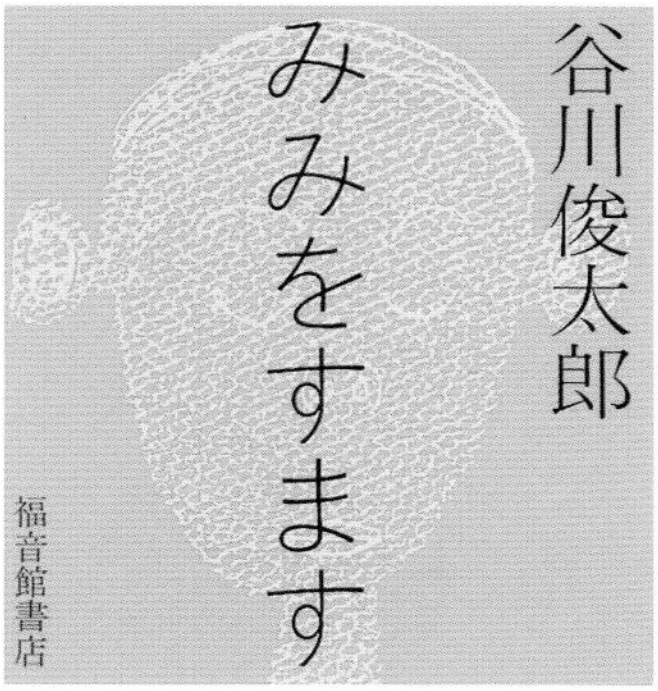

全編ひらがなの詩ですが、理解し、行間を読み、心に響くようになるのは、中学年ごろからでしょう。冒頭から雨だれに、足音に、耳をすますという行為にはっとさせられます。スピーディーに流れゆく現代においてなお、ときに立ち止まり耳をすますことの大切さを感じずにはいられません。暗唱にも挑戦したい詩集です。全6編収録。

本好き親子隊 オススメ！

谷川俊太郎の詩集には
- 『生きる』（福音館書店）
- 『ぼく』（岩崎書店）
- 『谷川俊太郎詩集　すき』（理論社）など

たべものあいうえお しりとり しましょ!

「あ」から「ぽ」までの67音で楽しむ食べ物ばかりのしりとり。語彙が広がる愉快な言葉遊びがいっぱーい!

●作/さいとうしのぶ ●リーブル

いかやかつおが銭湯にいるシュチュエーションも笑える!

しりとりも楽しいのですが、それにあわせたイラストも迫力があって、かなり見どころです! 言葉遊びの定番本です。

本好き親子隊 オススメ!

さいとうしのぶの本には
- 『たこやきようちえん たのしいえんそく』(ポプラ社)
- 『てんとうむしのはじめてのレストラン』(アリス館)
- 『べべべん べんとう』(教育画劇)など

対象学年
1・2年生
●言葉
●音読

「あ」いすくりーむ→むぎちゃ→やきいも→もち→ちゃわんむし→しゅうまい→いちご→ごましお→おにぎり→りょくちゃ→やまいも→もなか→かすてら→らでぃっしゅ→ゆず→ずんだもち→ちまき」と、ひらがな五十音順に進む食べ物だけのしりとり。「ん」がつくたべものを出したら〝しりとり番犬〟が出てきて、遊び心満載! 擬人化されたイラストを見ながら読み進むことができるので、あきることはありません。全部読み終わったら、自分の好きな食べ物からしりとりで遊んでみるのも楽しそうです。

なぞなぞあそびうた

目にも耳にも美しく響く
なぞなぞ遊びの本。

●作／角野栄子　●絵／スズキコージ　●のら書店

対象学年
1・2・3年生
●言葉
●読み聞かせ

美しい言葉と独得な雰囲気の絵が素敵ななぞなぞの本。なぞなぞの答えは、絵を見ながら想像できる身近なものばかり。家族や友だち同士で問題をうたいあって、わいわいと楽しむことができます。洗練された言葉選び、しゃれた言い回しに、日本語の美しさが存分に生かされ、並んだ文字を目で追っても、声に出しても、その表現の美しさに感動します。

本好き親子隊 オススメ！
角野栄子の本には
●『とかげのトホホ』（ポプラ社）
●『魔女の宅急便』シリーズ（福音館書店）など

どうぶつはやくち あいうえお

語呂がよく、想像しただけで
笑える、早口言葉の絵本。

●作／きしだえりこ　●絵／かたやまけん　●のら書店

対象学年
1・2・3年生
●言葉
●音読

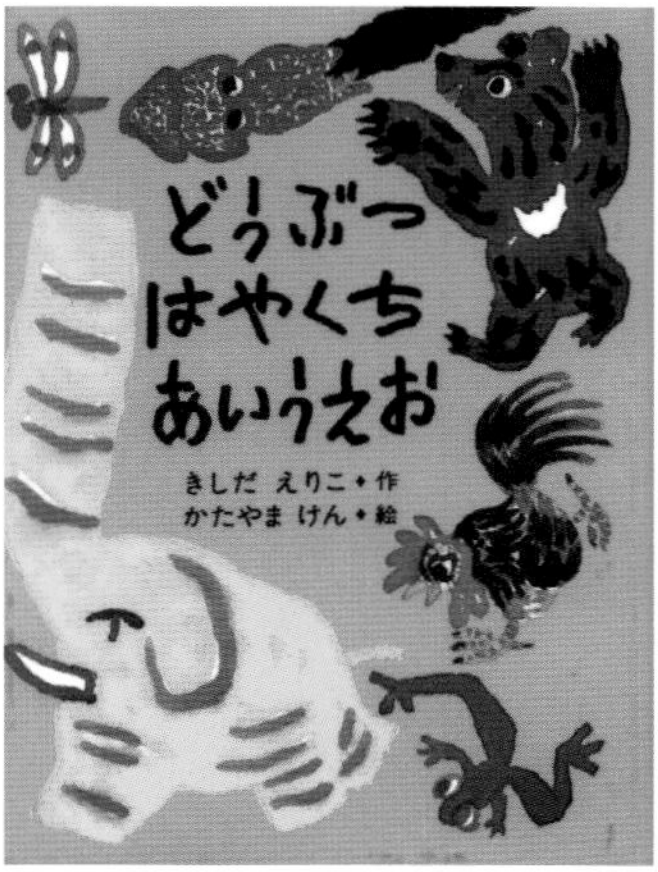

動物をテーマにした楽しい早口言葉がいっぱい！「あんぱん　ぱくぱく　ぱんだのぱんや」「うしろで　うろうろうるさいうし」など、思わず口ずさみたくなる語呂の良い言葉や、「うまい！」と1本取られた気分になる言葉、くだらないけれどシチュエーションを想像するだけで笑ってしまう言葉など、とにかく楽しい、あいうえおの絵本です。

本好き親子隊 オススメ！
きしだえりこの絵本には
●『かぞえうたのほん』
●『かばくん』
●『ジオジオのかんむり』
（いずれも福音館書店）など

もじもじさんのことば劇場 オノマトペの巻

ずかずか、のこのこ、さんさん
すっぽり、ぎっしり、くらくらetc.
生活の中で出会う
楽しいオノマトペを読んでみよう。

●作／西村敏雄 ●偕成社

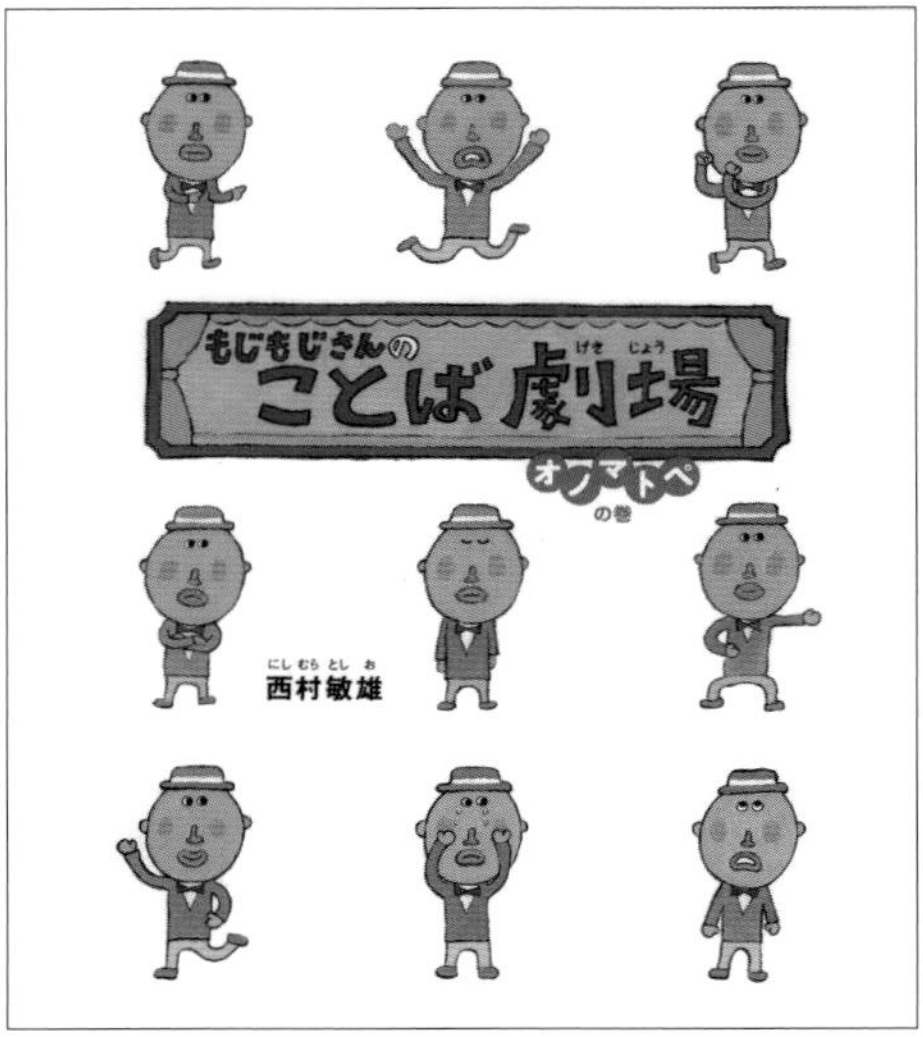
もじもじさんの
ことば劇《げき》場《じょう》
オノマトペの巻
西村敏雄《にしむらとしお》

擬音語、擬態語を上手に使えるようになると、作文の腕もぐんとあがるはず。遊びながら学べる本としてはサイコーです。

交通安全
『のこのこ』
警察署ともしらずに
どろぼうが
のこのこやってきた
警察署へようこそ！ たいほします

「のこのこ」のオノマトペは警察署にやってきた泥棒。

本好き親子隊 オススメ！

西村敏雄の本には

- 『どうぶつサーカスはじまるよ』（福音館書店）
- 『どろぼう だっそう だいさくせん！』（偕成社）
- 『バルバルさん』（福音館書店）
- 『マーロンおばさんのむすこたち』（偕成社）など

オノマトペとは、言葉自体には意味がなくても、モノの様子や音を表す言葉のことです。

「ぱくぱく 食べる」「あはは とわらう」「わんわん ほえる」「ごろっと ねる」「とんとん たたく」「てくてく 歩く」「ごくごく飲む」「すとんと 落ちる」などなど、毎日の生活の中でたくさん使うオノマトペ。

どんなオノマトペが、どんなシーンで使われるのか、ナビゲーターのもじもじさんと仲間たちが楽しいイラストで紹介してくれる学べる絵本。声に出して読むと子どもも大喜びです。

対象学年 1・2年生

●言葉 ●音読

にせニセことわざずかん

似せて作ったユーモアいっぱいのことわざが満載！

●作／荒井良二　●のら書店

言葉を似せて作った、ユーモアいっぱいのことわざを綴った絵本です。「猫にごはん、豚にしんぶん」「馬の耳に不燃物」「鼻からぼたもち」「月とスッポンポン」など、思わず声に出して笑ってしまうユニークなことわざが満載。さらに笑いを誘うのがことわざにぴったりなセンス溢れる絵。本来のことわざと意味も載っているので、クイズとして楽しむのもおすすめ。

対象学年
4・5・6年生

●言葉
●音読

本好き親子隊 オススメ！

ことわざについて学べる本には

- 『ことわざのえほん』（鈴木出版）
- 『ことわざ絵本』（岩崎書店）
- 『小学生からのことわざ教室』（教育評論社）
- 『新迷解 ポケモンおもしろことわざ』（小学館）
- 『ちびまる子ちゃんのことわざ教室』（集英社）など

あいうえおおかみ

五十音を織り込んだ言葉遊びで言葉の世界が広がります。

●作／くどうなおこ　●絵／ほてはまたかし　●小峰書店

五十音の各行が詩の中にかくれている、ひらがなの習得や音読にぴったりの一冊。詩のストーリー性もユニークで、言葉と絵で遊びながらひらがなを楽しく覚えられます。巻末には楽譜もついていて、親子で一緒に歌っても楽しいでしょう。イラストや文章の周辺に描かれた飾り絵にも各行からはじまる言葉が隠れているので、隅々まで言葉探しをしてみて。

対象学年
1・2年生

●言葉
●音読

本好き親子隊 オススメ！

言葉が広がる本には

- 『五十音』（光村教育図書）
- 『あいうえおのえほん』（玉川大学出版部）
- 『ひらがなだいぼうけん』（偕成社）
- 『しりとり』（福音館書店）
- 『おもしりとり』（ポプラ社）など

恐竜たんけん図鑑

恐竜たちが
食べたり、闘ったり、飛んでいたり…。
恐竜の生活の様子を
生き生きと描いた絵本図鑑。

●作／松岡達英　●監修／小畠郁生　●岩崎書店

いろんな恐竜図鑑がある中で、子どもはこれが一番好きかな。マンガはもちろん、細部の説明は覚えるくらい読んでるよ。

下部にあるマンガもリアルで楽しい！

本好き親子隊 オススメ！

恐竜図鑑には
- 『おもしろ恐竜図鑑』(国土社)
- 『恐竜ジオラマ図鑑』(大日本絵画)
- 『強い！大きい！かっこいい！恐竜大図鑑』(コスミック出版)
- 『日本恐竜図鑑』(岩崎書店)
- 『ヒサクニヒコの恐竜図鑑』(ポプラ社)など

対象学年 3・4年生
● 知識

恐竜を中心に、その時代に生きていた八虫類を年代別に描いた絵本図鑑。当時の恐竜たちの様子をありのままに描いた姿は迫力満点です。各恐竜の長さや体重、生息地などのデータや、時速や命名の理由といった細かな情報も記されています。

また、この図鑑ならではの特徴が、ふたりの子どもが恐竜博物館に行くという設定で、下部にその様子がマンガ的に描かれている点です。そのため、あたかも博物館で恐竜を見ているような気分になり、楽しく恐竜についての知識が身につきます。

妖怪図鑑

ちょっと不気味で面白い！
子ども心をくすぐる図鑑。

●文／常光徹　●絵／飯野和好　●童心社

日本を代表する妖怪を、図解入りでくわしく解説した妖怪絵本の決定版。河童、天狗、鬼をはじめ、ぬりかべ、大蛇、海坊主、口さけ女など、妖怪たちの生態や特徴、由来などが楽しく学べます。豆知識、民話、さらに現代の妖怪も紹介されていて内容も充実。「怖くて気味が悪い。でも面白い！」という飯野和好の絵も、子どもの心をつかむでしょう。

対象学年
3・4・5年生
● 知識

本好き親子隊 オススメ！

妖怪を題材にした本には
- 『少年少女版 日本妖怪図鑑』（文化出版局）
- 『水木しげる 世界の妖怪大百科』（小学館）
- 『妖怪の森』（こぐま社）など

魔女図鑑
魔女になるための11のレッスン

これを読んで実践したら
魔女になれるかも!?

●作・絵／マルカム・バード　●訳／岡部史　●金の星社

子どもの頃は「魔女」と聞くだけでドキドキワクワクしませんでしたか？ 子どもにとって魔女は空想を超えた大切な存在なのです。そんな魔女になるための秘訣がこの本に書かれています。魔女のファッション、魔女の住まい、魔女の趣味、魔法のかけ方まで知りたかったことが全部（ここまで書いていいの？ というくらい）わかります。

対象学年
3・4・5年生
● 知識

本好き親子隊 オススメ！

魔女が登場する本には
- 『あたしもすっごい魔女になるんだ！』（小峰書店）
- 『魔女からの手紙』（ポプラ社）
- 『魔女と森の友だち』（理論社）
- 『魔女の宅急便』（福音館書店）
- 『小さい魔女』（Gakken）など

いのちの木 あるバオバブの一生

太古の昔から
アフリカの大地に生える
バオバブの木を通して見えるのは
生きるものはすべてを
つなげている自然の偉大さ。

●文・絵／バーバラ・バッシュ　●訳／百々佑利子
●岩波書店

いつかバオバブの木を見に行きたいと言う息子。美しい絵で描かれたバオバブは、まるで木の王様のように雄大。

本好き親子隊 オススメ！

木や森の本には
- 『大きな木のおくりもの』（あすなろ書房）
- 『森ができるまで』（大日本図書）
- 『森と人間』（PHP研究所）
- 『森の365日』（理論社）など

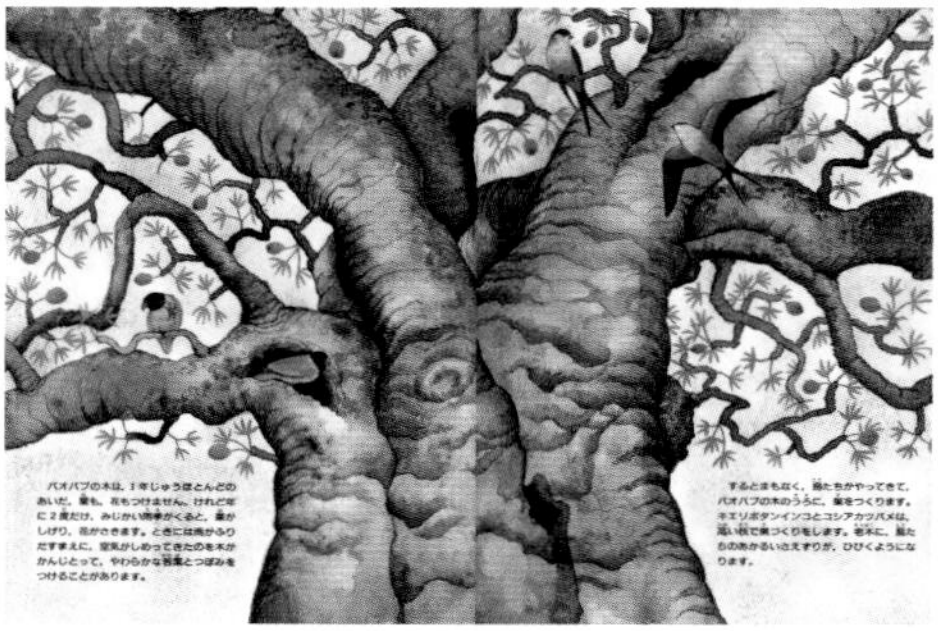

鳥たちが集うバオバブの木。

アフリカの大草原に育つバオバブの木の一生が描かれています。バオバブの木に集まってくる様々な動物や昆虫、そして人間たち。バオバブの木がたくさんの命を育み、生きものたちの営みに役立っていることがよくわかります。

本の中で、目に見えているのはただ1本の大きな木ですが、そこには何千年も前からずっと、多くの生きものたちとの共存が変わりなく続いていて、その繰り返しこそがいまある私たちの命であり、幸せなのだと改めて考えさせてくれます。

対象学年
全学年
● 絵本
● 読書感想文

森は生きている

自然と人間

自然を守ることの大切さを教えてくれる。

●作／富山和子　●講談社

対象学年
5・6年生
●知識
●読書感想文

本好き親子隊 オススメ！
この本のシリーズには
●『川は生きている』
●『道は生きている』
（いずれも講談社）など

日本人と森林との歴史を通して、森林の様々な働きを解説したお話です。
森林が木や紙、火を作り出し、土や水を育んできたこと、山村の人たちが森林を育て守ってきたことなどを、優しい語り口調で、わかりやすく説明しています。また、いかに自然を守ることが大切かを問いかけています。環境問題に興味を持つきっかけになる一冊です。

新日本動物えほん

こすもすと虫たち

植物と虫の関係がわかるとこんなに楽しい！

●文／高家博成　●絵／横内襄　●新日本出版社

対象学年
2・3・4年生
●知識

本好き親子隊 オススメ！
新日本動植物えほんシリーズには
●『あめんぼがとんだ』
●『あまがえるのてんきよほう』
●『ありのごちそう』
（いずれも新日本出版社）など

あぶがこすもすにとまると、ムクムクと花粉がでてきました。花のまんなかに、なにかがふれると、花粉がでるしくみになっているのです…。絵本ながら受粉の仕組みや、アブの交尾、弱肉強食の世界が丁寧に描かれていて、こすもすを通じて自然の摂理まで感じることができるでしょう。同シリーズでは他にも、小さな生き物から自然界を知ることができます。

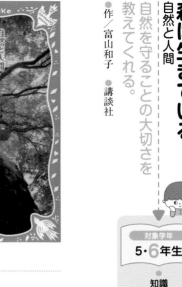

ここにも、こけが…

4億年も前から
生息している、こけ。
その生命力の強さが
ページをめくるたびに
伝わってくる。

●文／越智典子　●写真／伊沢正名　●福音館書店

行き先は　風まかせ。
ちょうどいい
温度としめりけがあれば、
胞子は芽を出し　原糸体になる。
原糸体は　はば数十ミクロンの
みどり色した細長い糸。
目で見ただけでは
とても糸のようには見えない。
土の表面をおおっている
みどりのまくは
なんの原糸体なのだろう。
こたえは　そこからのびてくる
葉のかたち。
ほらね、ちいさくても　ちゃんと
コスギゴケのかたちをしている。
原糸体のみどり色は
中にふくまれる葉緑体の色。
葉緑体は、光合成といって、
水と二酸化炭素から
日の光をつかって
糖をつくり、酸素をはきだす。
糖は　成長にひつような
ようぶんになる。
こけは、芽ばえたときから
じぶんでようぶんをつくっている。

様々なこけが入り交じり、まるで森のよう。

こけも本になるんだと感心しながら読んでみると面白い。子どもの自由研究でこけ調べっていうのもいいなと思いました。

本好き親子隊 オススメ！

越智典子の本には
- 『パンになる夢』(パロル舎)
- 『ピリカ、おかあさんへの旅』(福音館書店)
- 『ほら、きのこが……』(福音館書店)など

対象学年
2・3・4年生
知識

敷石の隙間や、街路樹の木肌、校庭のすみ…身近な場所にある「こけ」の不思議な生態と美しさに迫る本です。

葉っぱの形や緑の色など、ひとつひとつが独特で違う、たくさんの種類のこけを紹介。

また、水中で光合成をしたり、からだの一部を切り離して増える様子、何か月も氷づけになったままでも生きる姿など、知られざるこけの生態が次々と登場します。そのたくましく生きるさまに驚かされます。

こけの知識が身につけば、毎日歩く道も楽しくなるはずです。

たんぽぽ

たんぽぽの一生を繊細なタッチで描いた絵本。

●作・絵／甲斐信枝　●金の星社

対象学年
1・2年生
知識

たんぽぽがひたむきに生きる姿を、生き生きと鮮やかに描いた作品。

陽射しに向かって茎を伸ばし、葉を広げていくたんぽぽ、日暮れとともに眠りにつくたんぽぽ、真っ白な綿毛をゆっくり開いていくたんぽぽ…。単なる観察日記ではなく、作者に優しく見守られながらいろいろな表情を見せるたんぽぽの姿が、美しい物語のように語られます。

本好き親子隊 オススメ！

甲斐信枝の絵本には

- 『大きなクスノキ』（金の星社）
- 『ざっそう』（福音館書店）
- 『つくし』（福音館書店）
- 『ふきのとう』（福音館書店）など

干潟と磯の生物図鑑 海べの一日

絵だからこそいい。海辺の1日が見て楽しめる。

●作／夏目義一　●岩崎書店

対象学年
3・4年生
知識

この絵本の海辺は、ちょうど潮干狩りが始まる頃から夏にかけての時期、お父さんと海辺に遊びにきた子どもの視点で進んでいきます。どのページにおいても海辺の生きものたちが詳細に描かれています。魚、鳥、貝、かにやえび、海藻や草など、海辺の様々な生きもの・植物が自然と一緒に今日も頑張って生きていることがよくわかります。

本好き親子隊 オススメ！

この絵本図鑑シリーズには

- 『木の図鑑』
- 『ジャングル』
- 『のはらのずかん』
- 『森のきのこ』
- 『やさいのずかん』（いずれも岩崎書店）など

ひろった・あつめた ぼくのドングリ図鑑

形、大きさ、色、葉っぱなどまるごと、ドングリ研究本。ドングリ好きの作者が本当にひろって集めたドングリを一挙公開！

●絵・文／盛口満　●岩崎書店

ドングリがこーんなにあるなんて、子どもとふたりでびっくり！ 形も大きさも人間と同じでみーんな違うんです。

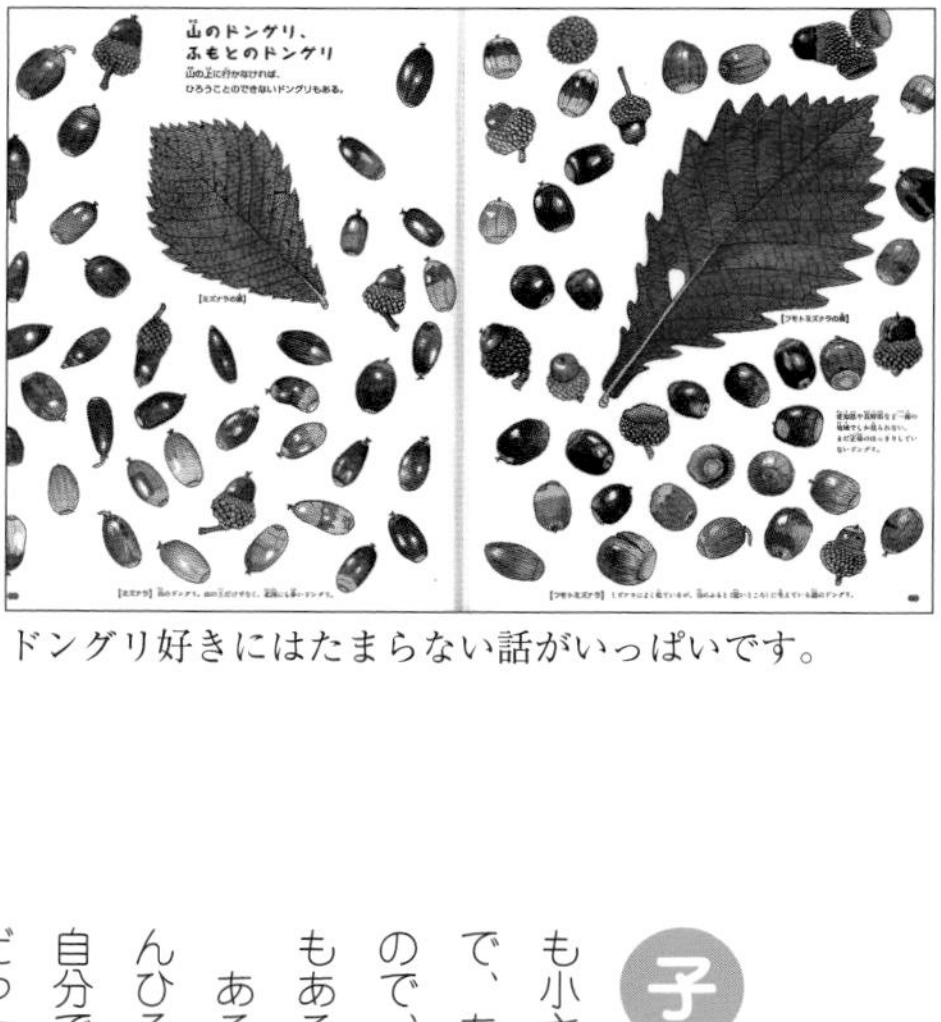

ドングリ好きにはたまらない話がいっぱいです。

本好き親子隊 オススメ！

盛口満の本には

- 『青いクラゲをおいかけて』（講談社）
- 『ゲッチョ昆虫記 新種はこうして見つけよう』（どうぶつ社）
- 『ぼくのコレクション』（福音館書店）など

子どもたちはドングリが大好きですよね。この作者も小さな頃からドングリ大好きで、あんまりひろい集めすぎるので、お母さんに怒られたこともあるそうです。

ある日、「なぜそんなにたくさんひろうの？」と聞かれると、自分でもわからないのが不思議だったと言います。

そんなドングリ大好き作者が描いた、形も大きさも、色も柄もみんな違うドングリにびっくり！ ドングリの解剖やボウシ図鑑なんかもあって、見ているだけで大人でもうれしくなっちゃいます。

対象学年
全学年
●知識

ふゆめ がっしょうだん

ウサギ？ トナカイ？
木の芽の豊かな表情が楽しい。

●文／長新太 ●写真／冨成忠夫、茂木透 ●福音館書店

対象学年
1・2・3年生
●知識

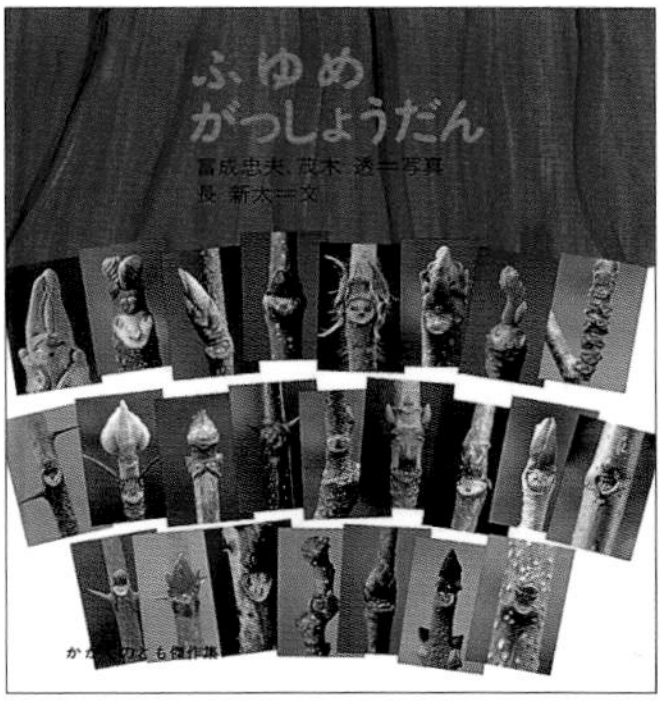

春の訪れをいまかいまかと待つ冬の木の芽たち。よく見ると、生きものの顔のように見えます。それぞれ表情の異なる木の芽は、ウサギ、コアラ、フクロウ…。中には帽子をかぶっているような姿もいて、愛嬌たっぷり。長新太の歌にあわせて眺めているだけでも楽しいのですが、冬に本書を持って公園に行って、木の芽を探してみるのもいいかも。

本好き親子隊 オススメ！
この本のシリーズには
●『しもばしら』
●『どんぐり』
●『みずたまレンズ』
（いずれも福音館書店）など

はなの みち

美しい季節の
移り変わりを楽しんで！

●作／岡信子 ●絵／土田義晴 ●岩崎書店

対象学年
1・2年生
●絵本
●読み聞かせ
●読書感想文

教科書にも載った有名な絵本。ある春の日、くまさんが袋を見つけました。中身がわからないので、リスさんの家へ出かけました。リスさんの家で袋の中を見ると、空っぽ！ 袋の中身のことなんてすっかり忘れてしまったくまさん。春が過ぎ、夏がきて、秋と冬が終わって再び春がやってきました。すると…誰もがびっくり！ 素敵なことが起こるのです。

本好き親子隊 オススメ！
教科書に載ったことのある有名な絵本には
●『あらしのよるに』（講談社）
●『ずーっと いっしょ』（講談社）
●『だいじょうぶ　だいじょうぶ』（講談社）
●『モチモチの木』（岩崎書店）など

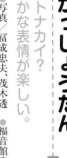

やあ！出会えたね ダンゴムシ

とっても身近なのに
ちっとも知らなかった
ダンゴムシに出会える
楽しい写真ブック。

●文・写真／今森光彦 ●アリス館

衝撃の瞬間です。脱皮しているダンゴムシ。

ダンゴムシをアップで見たことありますか？ ページをめくるたびに、子どもは口をあんぐりと開けて見ていたわ。

本好き親子隊 オススメ！

この本のシリーズには

- 『やあ！出会えたね カマキリ』
- 『やあ！出会えたね テントウムシ』
- 『やあ！出会えたね クモ』
- 『やあ！出会えたね フン虫』
- 『やあ！出会えたね カブトムシ』
- 『やあ！出会えたね 赤トンボ』

（いずれもアリス館）など

対象学年
1・2・3年生
● 知識
● 読書感想文

知っていましたか？ ダンゴムシってかわいいおちょぼ口だったんです。ダンゴムシって脱皮するんです。丸くなると、敵の歯が立たなくなるんです。さらに、ムシという名前がついていますが、な、なんと昆虫じゃないんです！

顔のドアップから足の動き、食事シーン、脱皮の瞬間など、誰も知らないユニークな「ダンゴムシ」の生態を、昆虫写真家・今森光彦さんならではの子どもの視点でとらえたリアルな写真とお話で綴られています。虫好きさんにもそうでない人にもおすすめです。

ツバメのたび
5000キロのかなたから

どうしてツバメは春になると日本にやってくるの？

●作／鈴木まもる　●偕成社

対象学年
1・2・3年生
●
知識
●
読書感想文

春になると、ツバメたちは約5000キロ離れた場所からやってきます。でもどうやって日本に飛んでくることができるのでしょう？　どうして毎年同じ場所に巣を作るのでしょう？　そんな疑問に答えながら、ツバメの生態をわかりやすく伝えます。ツバメの本能、生きる力のすばらしさを鈴木まもるさんの丁寧で臨場感ある絵を通して感じてください。

本好き親子隊 オススメ！

鈴木まもるの鳥の本には

- 『世界の鳥の巣の本』（岩崎書店）
- 『鳥の巣いろいろ』（偕成社）
- 『鳥の巣の本』（岩崎書店）
- 『日本の鳥の巣図鑑全259』（偕成社）
- 『ぼくの鳥の巣絵日記』（偕成社）など

鳥のくちばし図鑑
たべる・はこぶ・つくる

79種類もの鳥のくちばしを解説した本。

●文／国松俊英　●絵／水谷高英　●岩崎書店

対象学年
全学年
●
知識

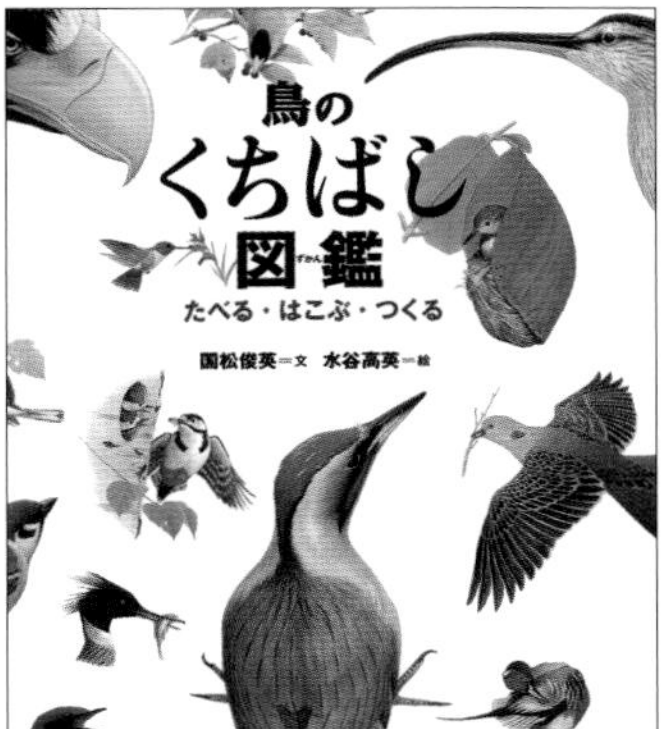

鳥が生きていくために不可欠なくちばしを、細密なイラストでわかりやすく解説。鳥の種類によってくちばしの太さ、長さ、形は異なり、その使い方は様々です。魚をつかまえたり、巣材を運んだり、羽の手入れをしたり、音を出したり…。まるで人間の手のような役目をすることがわかります。くちばしがどんなに優れているのか、読めば読むほど感心しっぱなし。

本好き親子隊 オススメ！

この図鑑のシリーズには

- 『糸に染まる季節』
- 『うみのダンゴムシ・やまのダンゴムシ』
- 『クマノミとサンゴの海の魚たち』
- 『土をつくる生きものたち』
- 『葉っぱのあかちゃん』
- 『水草の森　プランクトンの絵本』
（いずれも岩崎書店）など

よんでたのしい！ いってたのしい！ どうぶつえんガイド

動物たちの生態が
面白おかしく描かれ
動物がもっと好きなる
動物園に行きたくなる本。

●作・絵／あべ弘士 ●福音館書店

対象学年
1・2・3年生
●知識
●読み聞かせ

よんでたのしい！ いってたのしい！
どうぶつえんガイド
あべ弘士 さく・え
デザイン なかのまさたか
ラクダの こぶって、おべんとう なんだってさ。

動物園で会える動物たちの生態を、元飼育員の作者が、ユニークな絵と楽しい切り口で解説した図鑑。

「キリンたち 長い首で仲良く遊ぶ。仲良くなりすぎて首がほどけなくなる――なんてことはない」といったユーモアいっぱいの解説で、愛嬌たっぷりの動物たちの特徴が楽しく描かれ、マンガ感覚でクスクス笑いながら読めます。

普通に読んでも楽しめるし、動物園に持って行ったらもっと楽しい。何より、動物のことがもっともっと好きになる素敵なガイド本です。

アライグマ ジャブジャブ
アライグマとタヌキはどこがちがうのかな？

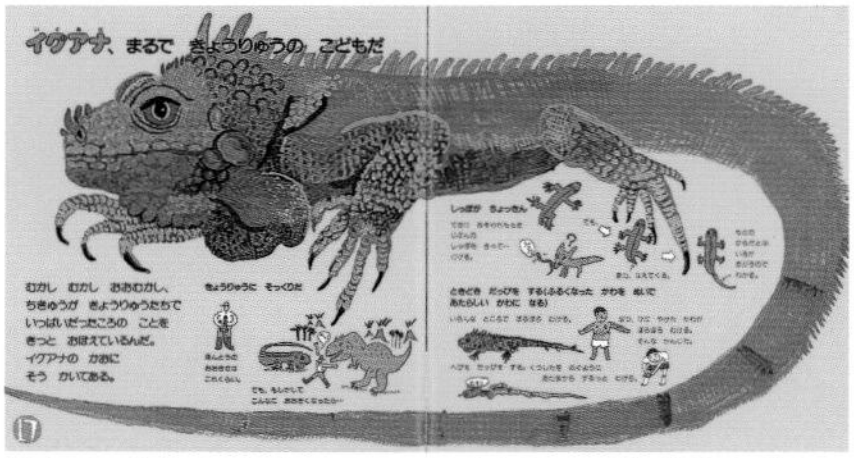
イグアナ、まるで きょうりゅうの こどもだ
敵におそわれたら、しっぽを切って逃げるんだ。

写真の図鑑では味わえない面白さと動物に対する愛情が伝わるようなあったかさがあって、かなりおすすめです。

本好き親子隊 オススメ！

あべ弘士の動物の本には

- 『あべ弘士 どうぶつ友情辞典』（クレヨンハウス）
- 『どうぶつニュースの時間』（理論社）など

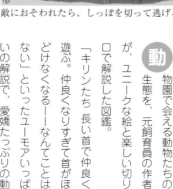

てのひら かいじゅう

手のひらに乗っちゃう
かいじゅうの正体は!?

●写真・文／松橋利光　●そうえん社

対象学年
1・2年生
●
知識

本好き親子隊 オススメ！

松橋利光の本には
●『かえるといっしょ』（アリス館）
●『きみだれ？』（アリス館）
●『日本のカメ・トカゲ・ヘビ』（山と渓谷社）
●『もってみよう』（小学館）など

鋭い目、大きな口、舌をペロペロ。庭で見つけたこのかいじゅうの正体は!?　ヤモリ、トカゲ、カナヘビ。見た目は怪獣みたいだけれど、手のひらに乗せられるほどのサイズ。目、足や爪などをぐんと近づいた写真で観察します。見つけ方や近寄り方、飼い方、持ち方なども紹介されているので、てのひらかいじゅうを飼ってみたくなるかもしれませんよ。

シートン動物記【1】
ロボーカランボーの王様ほか

野生動物たちの
個性や生き方に驚きと発見が！

●作／アーネスト・シートン　●訳／白柳美彦　●偕成社

対象学年
4・5・6年生
●
読み物
●
読書感想文

本好き親子隊 オススメ！

生きものの観察日記の本には
●『あさひやま動物記』シリーズ（KADOKAWA）
●『しっぽをなくしたイルカ
沖縄美ら海水族館フジの物語』（講談社）
●『ファーブル昆虫記』シリーズ（集英社）など

この作品は、アメリカの博物学者シートン博士の体験記です。野生動物の個性や生き方が、観察（研究）日誌のようにまとめてあるのでとてもわかりやすく読むことができます。動物好きな人はもちろん、あまり興味のなかった人にもおすすめ。発見や驚きなど、いままで知りえなかった動物の生態に触れ、シートン博士と同じ感動を味わえます。

おもしろい！ 進化のふしぎ ざんねんないきもの事典

思わずだれかに言いたくなる
生き物のオモシロ情報が満載！
「進化するってどういうこと？」を楽しく学べる
ミリオンセラーシリーズ。

●監修／今泉忠明　●イラスト／下間文恵、徳永明子、かわむらふゆみ
●高橋書店

おもしろい！ 進化《しんか》のふしぎ
ざんねんな
いきもの事典《じてん》
今泉忠明 監修
下間文恵・徳永明子 かわむらふゆみ 絵
どうしてそうなった!?
高橋書店

対象学年
全学年
●
知識

「ざんねんな」という表現が楽しくついつい引き込まれてしまいます。「ゴリラは知能が発達しすぎて下痢ぎみ」だなんて！

本好き親子隊 オススメ！

この本のシリーズには
●『おもしろい! 進化のふしぎ とことんざんねんないきもの事典』
●『おもしろい! 進化のふしぎ まだまだざんねんないきもの事典』
（いずれも高橋書店）など

身近な動物からあまり知らない生き物まで人間とは異なる能力をもった生き物たち。なかには「なぜそうなったの？」とツッコミたくなる進化をとげた「ざんねん」な生き物もいます。

サイの角はただのイボ、イルカはねむるとおぼれてしまう、クラゲは口と肛門が一緒など、思わず誰かに言いたくなる生き物のトリビアが満載です。

小学生が選ぶ「こどもの本総選挙」第1回、第2回にて1位を連覇した子どもたちに大人気のシリーズで、生き物の進化を親子で一緒に楽しめます。

生き物たちが先生だ しくみをまねて未来をひらくバイオミメティクス

生物を生きたまま観察できる顕微鏡から切り開かれた研究。

●著／針山孝彦 ●絵／安斉俊 ●くもん出版

対象学年
5・6年生
●
知識

本好き親子隊 オススメ！
観察や研究がテーマの本には
●『ヤモリの指から不思議なテープ』（アリス館）
●『生きものがたり ぼくら、ものづくりとデザインの天才だ！』（教育画劇）
●『すごい!ミミックメーカー 生き物をヒントに世界を変えた発明家たち』（西村書店）など

バイオミメティクスとは、生きものの機能、生き方を学び、人間の暮らしに役立てる研究のこと。持続可能な社会のための最先端の研究です。そうした研究の第一人者でもある著書が、ハスの葉が水をはじく様子、ヤモリが天井に張り付く様子、フナムシの脚の給水能力など、生きものからヒントを得て開発したモノ・ゴトについて知ることができます。

パンダの手には、かくされたひみつがあった！

科学の「新しいことを知る面白さ」を紹介するシリーズ。

●文／山本省三 ●絵／喜多村武 ●監修／遠藤秀紀 ●くもん出版

対象学年
1・2・3年生
●
知識

本好き親子隊 オススメ！
この本のシリーズには
●『ゾウの長い鼻には、おどろきのわけがある!』
●『アリクイの口のなぞが、ついにとけた!』
●『ペンギンの体に、飛ぶしくみを見つけた!』（いずれもくもん出版）など

長年、5本の指と1本の動かないにせの親指で物をにぎるとされてきたパンダ。それでは物が握れないはず…と不思議に思った獣医学者の遠藤さんは、パンダの手のCTスキャンを撮ってみることに。そして、「パンダの指は7本あった！」と大発見をします。「新しい発見」への興奮を味わいながら、生き物の不思議に迫るノンフィクションです。

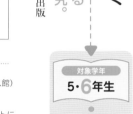

かさぶたくん

どんな医学書よりもわかりやすく、面白い！自分のからだを大事にするきっかけにもなる絵本。

●作／やぎゅうげんいちろう　●福音館書店

子どもにかさぶたのことを聞かれて見つけた本。大人でも勉強になりました。子どもにもわかりやすく書かれています。

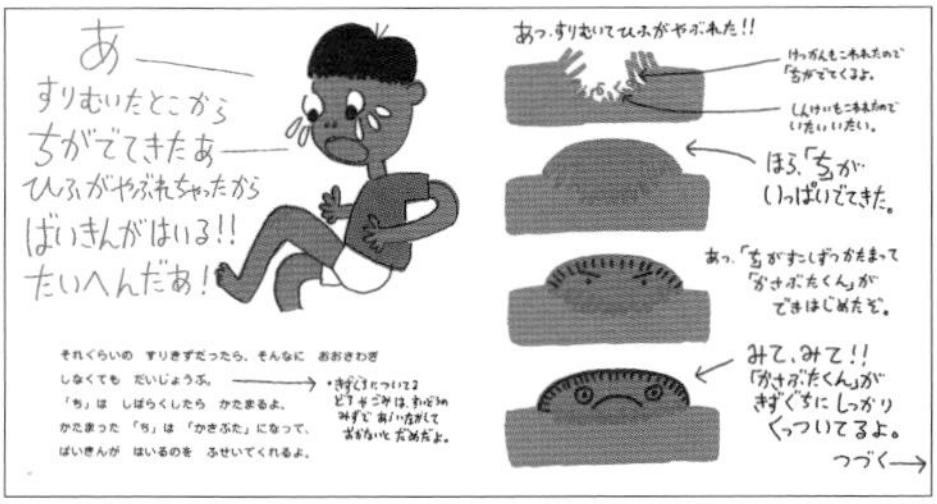

手書きの絵や文字もユニーク！

本好き親子隊 オススメ！

やぎゅうげんいちろうのからだの秘密がわかる本には

- 『あしのうらのはなし』
- 『おへそのひみつ』
- 『はなのあなのはなし』
- 『はらぺこさん』

（いずれも福音館書店）など

誰にでもできる「かさぶた」。いったい何者で、かさぶたの下はどうなっているのか、かさぶたはどんな働きをするのかなどをわかりやすく教えてくれる絵本です。かさぶたくんのユニークな絵や、かさぶたを「紙？　かりんとう？　傷のうんこ？」と表現したり、「おしっこちびるう～」という台詞など、面白い要素が随所に盛りこまれています。大笑いしているうちに、かさぶたのしくみが学べ、大人も勉強になります。

この本を読めば、子どもがかさぶたをはがしたり、いじったりしなくなるはずです。

対象学年
1・2・3年生
知識

ホネホネたんけんたい

骨には秘密がいっぱい
写真でわかるからだのこと。

●文／松田素子 ●監修・解説／西澤真樹子 ●写真／大西成明
●アリス館

対象学年
1・2・3年生
●
知識

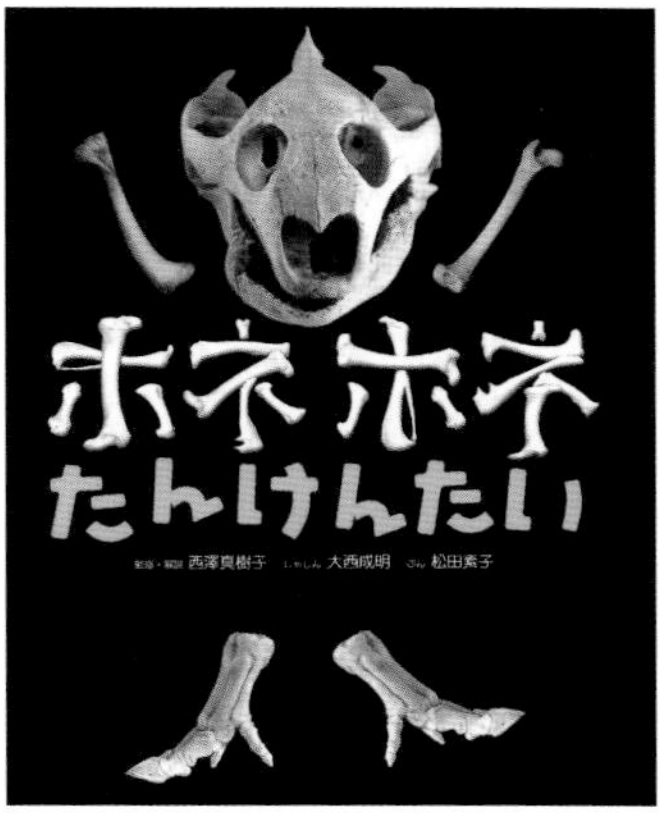

「ぼくはヘビ。くねくねぐにゃぐにゃやわらかい」とユーモア溢れる文章で、いろいろな生きものの骨を解説した本。生きものの生態によって異なる骨や骨格の特徴、骨の役割など、骨の秘密がまるわかりです。写真がとても美しくわかりやすいので、骨から実際の姿を思い浮かべて比較してみたり、動きを想像してみたりと、眺めているだけでも楽しめます。

本好き親子隊 オススメ！
この本のシリーズには
●『ホネホネすいぞくかん』
●『ホネホネどうぶつえん』
（いずれもアリス館）

Alive《アライブ》 生きている体

心音もなる
ポップアップ人体図鑑。

●作／レイン・スミス ●文／アニタ・ガネリ
●訳／須田 都三男 ●大日本絵画

対象学年
3・4・5・6年生
●
知識

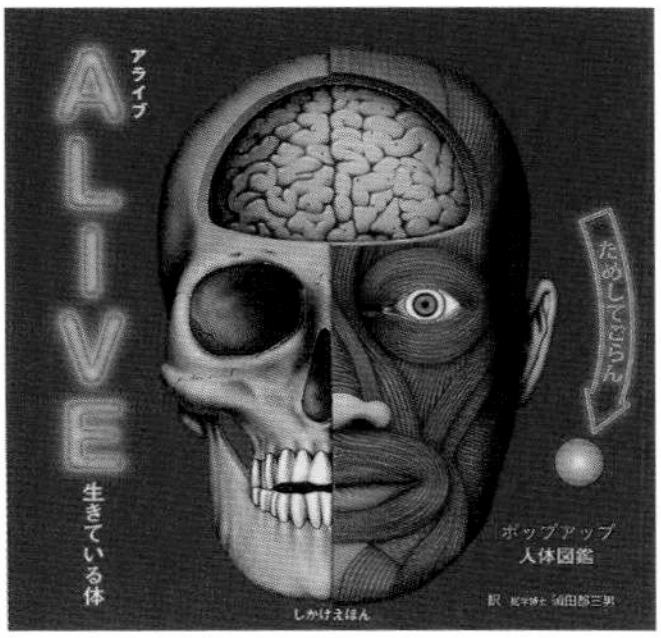

からだの中は見えないので、しかけ絵本で立体的に楽しめると理解がより深まります。本書には、ポップアップで頭がい骨や内臓の仕組みが見られるほか、脳が光ったり、心臓の音が聞こえたりするしかけがいっぱい。骨格や筋肉などの構造だけでなく、呼吸や血液の循環といった生命維持に必要なからだの仕組みや免疫についてなど、まるっと学べる図鑑です。

本好き親子隊 オススメ！
からだのしくみがわかる本には
●『からだのふしぎがとびだすよ!
ポップアップ 人体えほん』(ポプラ社)
●『大迫力！ポップアップ 人体図鑑』(主婦の友社)
●『からだの不思議図鑑』(PHP研究所)など

アリから　みると

アリになって
野原を探検してみよう。
ワクワク、ドキドキが
いっぱいつまった
体験型絵本!

●文／桑原隆一　●写真／栗林慧　●福音館書店

どの写真も、おっーというくらいの大迫力!　こんな角度から生きものを見たことがないので、意外な発見もあります。

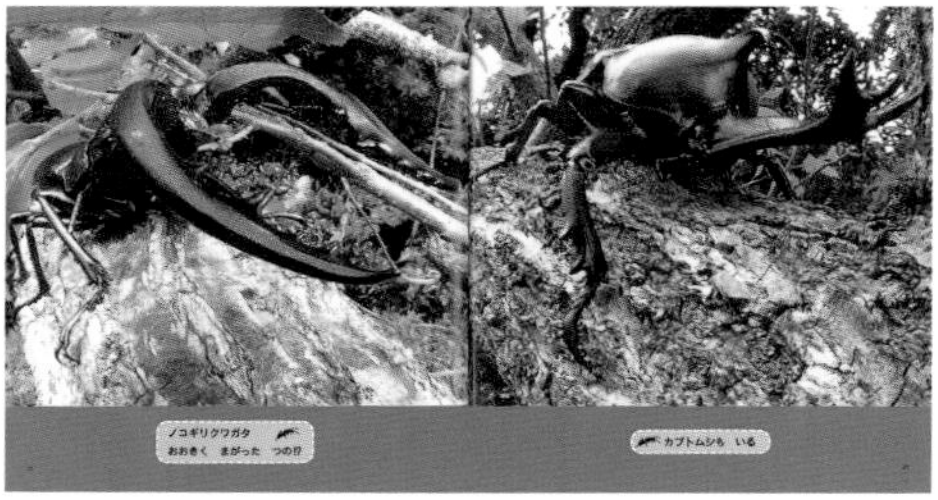

アリから見ると、カブトムシはこんな感じ!

本好き親子隊 オススメ!

このシリーズで虫が登場する本には

●『なつやすみ虫ずかん』
●『むしたちのさくせん』
●『ぼく、あぶらぜみ』
●『ぼく、だんごむし』
（いずれも福音館書店）など

対象学年
1・2・3年生
●
知識

アリの世界にようこそ! 写真家・栗林慧さんの発明による特殊レンズで、アリの視界から見る世界を臨場感たっぷりの写真で紹介する本。

アリの目から見た野原の虫たちの生態を間近に見られて、まるで自分がアリになったかのような気分になれます! 小さな小さなアリの世界は、スリリングでワクワク、ドキドキの連続。特に、アリよりはるかに大きいショウリョウバッタやクワカミキリなどを見上げた写真は、迫力満点です。いままで見られなかった虫たちの不思議な世界が広がります。

これがほんとの大きさ！

ゴリラの手って怪獣だ～
実物大の迫力は、マジ面白い！

●作／スティーブ・ジェンキンズ　●訳／佐藤見果夢　●評論社

対象学年
1・2年生
●
知識

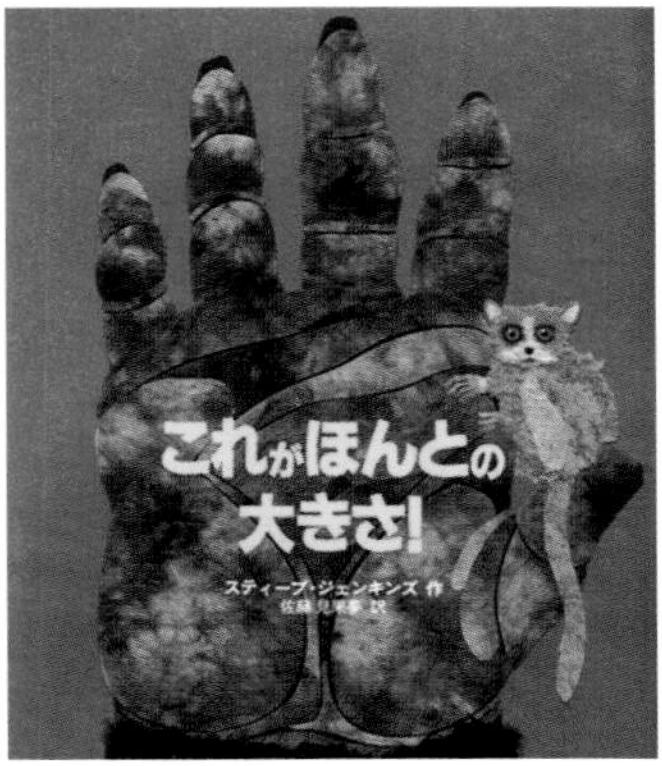

絵本や図鑑で見る動物たちは、私たちよりも小さいけれど、本当の大きさってどんな感じ？　という発想から生まれた本当の大きさを伝える絵本。ページをめくるたびに、自分の手や足、顔と比べてみたくなります。世界一体が長い昆虫や世界一大きなクモなど、驚きの連続！　有名な作家、スティーブ・ジェンキンズの迫力のきり絵も見どころのひとつです！

本好き親子隊 オススメ！

スティーブ・ジェンキンズの本には
- 『こんなしっぽでなにするの？』
- 『進化のはなし』
- 『どうぶつのことば』

（いずれも評論社）など

シロナガスクジラより大きいものって いるの？

動物たちとの比較で、
シロナガスクジラの大きさを実感！

●作／ロバート・E・ウェルズ　●訳／せなあいこ　●評論社

対象学年
4・5・6年生
●
知識

「地球上で一番大きな生きものは？」「宇宙ってどのくらい大きいのだろう？」そんな疑問をユーモラスに解き明かす科学絵本。実感することが難しい〝大きいもののサイズ〟を、身近な例えや表現を用いてわかりやすく比較、解説してくれます。シロナガスクジラを１００匹ずつ瓶づめにしてたくさん重ねたり、地球を１００個袋づめにしたりと、比較方法が面白い。

本好き親子隊 オススメ！

この本のシリーズには
- 『空のうえにはなにがある？』
- 『チーターよりはやくはしるのはだあれ？』
- 『チビトガリネズミより小さいものなあんだ？』
- 『ベッドのしたにはなにがある？』
- 『ライオンのおもさはかれる？』

（いずれも評論社）など

ぐんぐん頭のよい子に育つよみきかせ かがくのお話25

科学の世界への入り口は子どもたちの「なぜ?」「どうして?」。国立科学博物館が監修したいままでにない科学絵本。

●著/山下美樹
●監修/国立科学博物館
●西東社

対象学年
1・2年生
●知識

子どもの素朴な質問ほど、面白いものはありません。かといって、その「なぜ?」「どうして?」に答えるのは難しいものですが、この一冊が解決してくれることもたくさんありそうです。

「なっとうはなんでネバネバするの?」といった生活の中から湧き出る疑問から、「空はどこまで続くの?」といった宇宙の話まで、ジャンルを問わずにとことん「子どもたちの疑問」に答える新しい科学絵本です。

科学は難しくない、こんなに身近で面白いものなんだ! を大人も再認識できるでしょう。

どうして食べ物を冷蔵庫にしまうの? そんな生活と隣り合わせの疑問も実は科学だったんだな、と目からウロコでした。

お話のあとに図解のページがあって、「楽しむ」+「知る」を本で体験して、それを実生活でやってみる育脳本です。

本好き親子隊 オススメ!

この本のシリーズには

●『ぐんぐん頭のよい子に育つ よみきかせ いきもののお話25』
●『ぐんぐん 考える力を育む よみきかせ きょうりゅうのお話20』
●『考える力を育むよみきかせ もっと!かがくのお話25』
(いずれも西東社)など

大ピンチずかん

ピンチを笑いに変えるユーモアに満ちた子どもたちのあるある。

●作／鈴木のりたけ　●小学館

本好き親子隊 オススメ！

鈴木のりたけの本には
- ●『大ピンチずかん2』（小学館）
- ●『しごとば』（ブロンズ新社）
- ●『とんでもない』（アリス館）
- ●『ぼくのトイレ』（PHP研究所）
- ●『かわ』（幻冬舎）
- ●『おつかいくん』（小学館）など

対象学年
1・2年生
● 絵本

日常に潜む子どもたちの「大ピンチ」をユーモアに切り取った子どもたちのあるある図鑑。牛乳をこぼす、ガムを飲み込むといった身近なピンチの解決法が、大人にとってまさかな方法ばかり！　作者・のりたけワールドが炸裂です。それぞれの「大ピンチ」に対する「大ピンチレベル」と「なりやすさ」の分類がある点も、この本の面白さを際立たせています。

りんごかもしれない

考えることをとことん楽しむキテレツ発想絵本。

●作／ヨシタケシンスケ　●ブロンズ新社

本好き親子隊 オススメ！

ヨシタケシンスケの本には
- ●『りゆうがあります』（PHP研究所）
- ●『ぼくのニセモノをつくるには』（ブロンズ新社）
- ●『それしか ないわけ ないでしょう』（白泉社）
- ●『あるかしら書店』（ポプラ社）など

対象学年
1・2年生
● 絵本

男の子が学校から帰ってくると、机の上にりんごが置いてありました。しかし、男の子は「もしかしたらこれは、りんごじゃないのかもしれない」と疑問を抱きます。もしかしたらメカかもしれない、育てると大きな家になるのかもしれない。星なのかもしれない…。発想力や非認知能力にもつながる、「考えること」をとことん楽しむ本です。

宇宙への秘密の鍵

太陽系や惑星
ブラックホール…。
ワクワクする
冒険物語を通して
宇宙の知識が学べる。

●作／ルーシー＆スティーヴン・ホーキング
●訳／さくまゆみこ　●岩崎書店

物語の主人公と一緒に宇宙冒険をしながら宇宙について知ることができます。宇宙への興味を持つきっかけに良い本。

見たこともないような美しい宇宙写真がたくさん！

本好き親子隊 オススメ！

この本のシリーズには
●『宇宙の誕生 ビッグバンへの旅』
●『宇宙に秘められた謎』
（いずれも岩崎書店）

天才物理学者ホーキング博士とその娘が手掛けた宇宙探検物語。

主人公のジョージは隣に住むアニーとスーパーコンピューター・コスモスを使って宇宙への旅に出ます。ある日、コスモスを狙う何者かが現れて…。

ワクワクするストーリーを読みながら、星の誕生や宇宙の起源、太陽系、ブラックホールなどの基本的知識が自然と身につきます。また各所に科学コラムや宇宙の写真を織り交ぜ、わかりやすく解説。地球の存在や地球を守るための環境保護活動などにも触れています。

対象学年
5・6年生
●
知識

太陽系のふしぎ めくりしかけえほん

地球や太陽
太陽系の惑星などを
120以上の
めくりのしかけで
楽しく紹介。

●作／イーサン・サフリュー
●訳／新藤克己 ●大日本絵画

4年生のときに教わる太陽や月の学習前に、興味を持たせようと、図書館で借りて見せたら大正解。宇宙への興味がUP!

木星にあるしかけをめくると、「木星は一番大きな惑星だ」と書かれていて、子どもはあきずに読めるみたいです。

本好き親子隊 オススメ！

宇宙について学べる本には
●『太陽のふしぎ』（あかね書房）
●『月をみよう』（あかね書房）
●『なつのほし』（偕成社）
●『ビジュアル版 宇宙への旅』（岩崎書店）
●『惑星をみよう』（あかね書房）など

地球をはじめ、太陽や月、惑星、星などの不思議をわかりやすく解説した絵本。120以上ものめくりのしかけがあり、その下には、よりくわしい情報が絵や写真とともに記載されています。

たとえば「地球」のページには、地球の中身や温度、公転速度などについて解説している他、うるう年ができる理由やオーロラのしくみなども記しています。

NASAが行った実験や天文学者の話、星を探す方法まで、太陽系にまつわる情報を網羅した学べる絵本です。

対象学年
3・4年生
●
知識

見れば見るほどおもしろい!! しごとば

新幹線の運転士って何するの？
パティシエの仕事って？
人気の職業の仕事場が
ひと目でわかっちゃう！
とってもためになる本。

●作／鈴木のりたけ　●ブロンズ新社

対象学年
1・2・3年生
●絵本
●知識

たくさんの職業がある中で、新幹線運転士、歯医者、美容師、革職人、すし職人、パティシエ、グラフィックデザイナーなど、子どもに人気のある職業をピックアップし、それぞれの職業の仕事場にあるもの（使うもの）、道具の使い方、実際の仕事の様子などを図解したユニークな絵本です。その仕事場を見ていると、まるで自分がそこで働いている職人の気分になってくるから不思議です。様々な仕事場の風景や道具を見ながら、自分ならどんな仕事をしてみたいのか想像を膨らませてみるのも楽しいものです。

子どもの好奇心がそそられる本です。イラストが詳細で丁寧に描かれています。全部で９の職業のことがわかります。

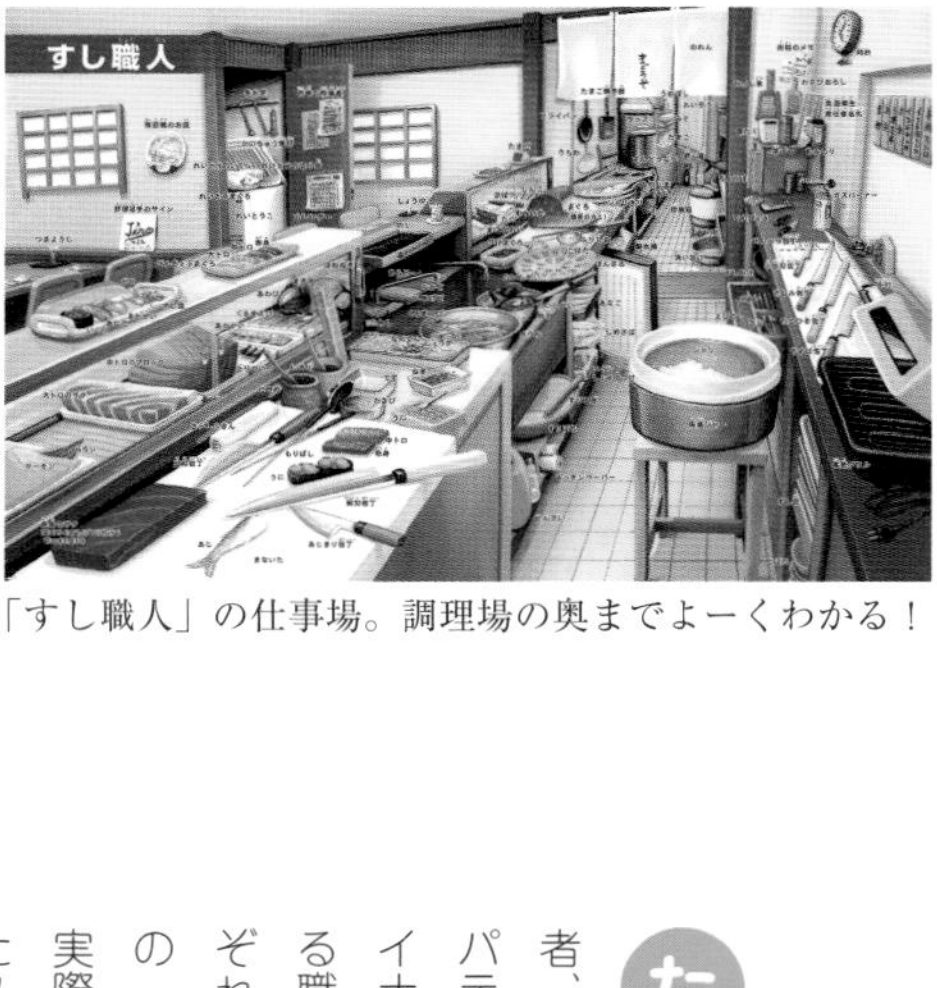

「すし職人」の仕事場。調理場の奥までよーくわかる！

本好き親子隊オススメ！

この本のシリーズには
- 『続・しごとば』
- 『続々・しごとば』
- 『もっと・しごとば』
（いずれもブロンズ新社）など

フリズル先生のマジック・スクールバス
水のたび

社会の知識を面白く学べる物語風の教科書。

●文／ジョアンナ・コール　●絵／ブルース・ディーギン
●訳／藤田千枝　●岩波書店

対象学年
3・4年生
●絵本
●知識

社会のしくみや科学の話などの本はどうしても勉強っぽくなってしまって読んでいても面白さが半減するものですが、この絵本シリーズは全然違います。この『水のたび』では、水の循環（雨が降って水道水として蛇口にくるまでのしくみ）について面白い物語に仕上げ、最後まで楽しみながら、なるほどそうなんだ！　という感じで知識が身につきます。

本好き親子隊 オススメ！

この本のシリーズには
- 『海のそこへ』
- 『からだたんけん』
- 『恐竜さがし』
- 『地球のまんなか』
- 『星めぐり』
- 『ミツバチのなぞ』（いずれも岩波書店）など

給食室のいちにち

給食はどうやってできるの？
学校の給食室をのぞいてみよう。

●文／大塚菜生　●絵／イシヤマアズサ　●少年写真新聞社

対象学年
2・3・4年生
●絵本
●読書感想文

みどり小学校で働く「栄養士の山川さん」が、学校の給食ができるまでの様子を教えてくれます。４５０人の生徒たちに安全でおいしい給食を届けるために、身支度、食材チェック、打ち合わせ、調理、献立づくりと大忙し！　山川さんと7人の調理員さんたちの、生き生きと働く姿が描かれます。つやつやとおいしそうな給食のイラストにも注目です。

本好き親子隊 オススメ！

大塚菜生の本には
- 『ぼくのわがまま電池』（岩崎書店）
- 『弓を引く少年』（国土社）
- 『東京駅をつくった男』（くもん出版）など

イシヤマアズサの本には
- 『はじめてのマナーえほん』（パイ インターナショナル）
- 『くいしんぼうの こぶたの グーグー』（教育画劇）など

世界を動かした塩の物語SALT

歴史を動かした小さな粒、塩が貴重なものだった時代の事件や争い、人や経済。塩を切り口に世界の歴史を見るとこんなに興味深い！

●文／マーク・カーランスキー　●絵／S.D.シンドラー
●訳／遠藤育枝　●BL出版

文 マーク・カーランスキー　絵 S.D.シンドラー　訳 遠藤育枝
世界を動かした 塩の物語
SALT

人間は、野生の動植物だけを食べていたときは塩を摂る必要はなく、家畜を飼ったり食べ物を作るようになったりしてから塩を補う必要が出てきたとは驚き！

ちょっと難しい内容ですが、子どもは「ガンジー、コロンブスにルイ13世など、歴史上の人物が出てきたところが面白かった！」と言っていました。

本好き親子隊 オススメ！

マーク・カーランスキーの本には
●『大きな嘘とだまされたい人たち』（あすなろ書房）

S.D.シンドラーの本には
●『しごとをみつけたサンタさん』（好学社）
●『おおきなかぼちゃ』（主婦の友社）など

対象学年
5・6年生
●
知識

『世界を動かした』のタイトル通り、塩の壮大な歴史が描かれた本です。

いまでは当たり前のように生活のなかにある塩ですが、どうやって採られ、できているか知っている子どもは少ないかもしれません。その昔は貴重なものとして、経済や世の中を動かしてきました。そんな塩を通じた歴史の世界へ、S.D.シンドラーの美しい絵が導いてくれます。

人の生命にも欠かせない存在、塩について、化学の豆知識や意外な使い方まで知れて、自由研究の参考にもなりそうです。

山に肉をとりに行く

狩り、農作業、山仕事で命をつなぐ猟師たち。

●文・写真／田口茂男　●岩崎書店

対象学年
5・6年生
●
知識
●
読書感想文

自分たちの手で野菜やお米を育て、野生の動物を狩り、命をいただく。大自然に囲まれた山里にくらす人たちの春夏秋冬の生活を、写真でたっぷりと紹介しています。仕留めたシカやイノシシの解体、畑仕事や稲刈りなど、自給自足の生き方にも目を向けてみましょう。簡単には便利な生活が手に入らない地域にくらす人たちの「生きる力」を感じます。

本好き親子隊 オススメ！
田口茂男の本には
●『サツキマスのいた川』（草土文化）

しんかい6500 深海のひみつをさぐれ！

真っ暗やみの深海には何がいる？ なぞを解き明かしに出発だ！

●作／山本省三　●絵／友永たろ　●くもん出版

対象学年
3・4年生
●
知識

日本で唯一、人を乗せて水深6500メートルまで潜れる有人潜水調査船「しんかい6500」に乗り、深海のなぞを探りに行こう！ 太陽の光が届かない真っ暗な深海の世界や海底に住む未知の生物を、イラストで楽しく学べます。「しんかい6500」の船内の様子も丁寧に描かれているので、海の乗り物が好き、メカが好きという人も面白く読めるでしょう。

本好き親子隊 オススメ！
この本のシリーズには
●『深海ロボット 海のふしぎを調べろ!』
●『すごいぞ！「しんかい6500」』（いずれもくもん出版）など
山本省三の本には
●『もしも深海でくらしたら』
●『もしもロボットとくらしたら』（いずれもWAVE出版）など

注文の多い料理店

小学生のうちに一度は読んでおきたい絵本。
誰にも真似できない世界を作り出す宮沢賢治のお話を、まずは読んで。

●作／宮沢賢治　●絵／しまだむつこ　●偕成社

子どもにとって、宮沢賢治の本は少し難解な作品が多いのですが、この本は好きで、何度も読み聞かせをしました。

木版画の迫力に引き込まれ、ページをめくるのがどんどん怖くなります。

本好き親子隊 オススメ！

宮沢賢治で動物が出てくる本には
- 『蛙のゴム靴』（ミキハウス）
- 『ツェねずみ』（講談社）
- 『猫の事務所』（偕成社）など

宮沢賢治の名作のひとつ。深い森の中で迷子になった、お腹がぺこぺこなふたりの紳士。そんなふたりの前に突然現れた西洋料理店で、ふたりはテーブルにつくまで意味深な注文が次々と言いつけられます。

同じタイトルの絵本は何冊も出版されていますが、同書は小学生でも読みやすく、挿絵のしまだむつこの木版画が宮沢賢治の独特の世界をより引き立てています。

宮沢賢治の作品はどれも年齢を問わず楽しめることがすばらしく、読めば読むほど好きになってしまう魅力があります。

対象学年
2・3年生
- 絵本
- 読み聞かせ
- 読書感想文

セロ弾きのゴーシュ

宮沢賢治の最後の童話。
セロ弾きの不可思議な時間。

●作／宮沢賢治　●絵／赤羽末吉　●偕成社

対象学年
5・6年生
●読み物
●読み聞かせ
●読書感想文

楽手の中でいちばん下手なセロ弾きのゴーシュ。ある晩、ゴーシュが練習をしていると1匹の三毛猫がやってきました。そして、トマトをお土産に「シューマンのトロメライ」を弾いてごらんなさいと言うのです。次の晩には灰色の鳥が、その次の晩には狸がやってきます。夜ごと繰り広げられる不可思議な時間。宮沢賢治の独特な世界を楽しめる童話です。

本好き親子隊 オススメ！
赤羽末吉の絵本には
●『白いりゅう黒いりゅう』（岩波書店）
●『スーホの白い馬』（福音館書店）
●『ももたろう』（福音館書店）など

銀河鉄道の夜
宮沢賢治童話集Ⅱ

幻想的で思想性の高い
宮沢賢治の作品が楽しめる。

●作／宮沢賢治　●画／春日部たすく　●岩波書店

対象学年
4・5・6年生
●読み物
●読み聞かせ
●読書感想文

『銀河鉄道の夜』の他『やまなし』『ふたごの星』『貝の火』『カイロ団長』などの作品を収録。どの作品も宮沢賢治の幻想的で思想性の高い世界を楽しめます。

『銀河鉄道の夜』は主人公の少年ジョバンニが友人のカンパネルラと銀河鉄道に乗って旅をする話。感想文の題材になることも多く、「死」「友情」「幸せ」など様々なテーマがつまっています。

本好き親子隊 オススメ！
宮沢賢治の全集には
●『宮沢賢治全集』（筑摩書房）
●『宮沢賢治童話大全』（講談社）
●『宮沢賢治童話集
心に残るロングセラー名作10話』（世界文化社）など

せかいのひとびと

世界にはいろいろな人々がいて
いろいろな顔をし
いろいろな言葉を話し
いろいろな家に住んでいる。
本当に世界は広くてすごいんだ。

●絵・文／ピーター・スピアー　●訳／松川真弓　●評論社

本好き親子隊 オススメ！

ピーター・スピアーの本には
- 『ああ、たいくつだ！』(評論社)
- 『雨、あめ』(評論社)
- 『きっとみんなよろこぶよ！』(評論社)
- 『サーカス！』(福音館書店)など

世界のことを教えたくて探していたら、この本に出会ったよ。地球儀とこの本を照らしあわせながら読むのがわが家風。

文字で見るだけではなかなか覚えられないことも、絵と一緒だとイメージできるみたい。この本は子どもの愛読書です。

対象学年
全学年
●
知識

世界にはいろいろな人々がいるって、頭ではわかっていてもなかなかイメージがつかないもの。でも、この本を見ると、世界にはどんな人たちがいるのかが見えてくる、そんな見ているだけでも楽しい絵本です。肌の色、話す言葉、着ている洋服、住んでいる家や建物、その国の文化までがピーター・スピアーの細かくてわかりやすい絵で描かれています。

低学年は低学年なりに感じるものがあり、中学年、高学年もそれぞれに感じるものがあるはず。年齢を問わずに楽しめる本です。

すうがくでせかいをみるの

あなたの好きなことはなぁに?
人生を彩る「好き」の気持ち。

●作/ミゲル・タンコ　●訳/福本友美子　●ほるぷ出版

対象学年
1・2年生
●絵本
●読書感想文

すうがくで
せかいを
みるの
ミゲル・タンコ 作
福本友美子 訳
ほるぷ出版

絵を描くことが好きなパパ、虫の研究に熱心なママ、楽器が得意なお兄ちゃん…好きなことを楽しむ家族に囲まれて生きる主人公が、自分の「好き」を探すお話です。生活にあふれるさまざまな数や形のことを考えるのが楽しい主人公は、数学が大好きなことに気づきます。夢中になれることに出合えたら、人生はこんなに輝くんだと思わせてくれます。

本好き親子隊 オススメ!

「好き!」の気持ちを育む本には

●『すきなことのみつけかた』(大日本図書)
●『ゆめのかなえかた』(大日本図書)
●『すきなこと にがてなこと』(くもん出版)

世界がもし100人の村だったら

世界をぎゅっと縮小することで
事実をわかりやすい形にして。

●再話/池田香代子　●対訳/C.ダグラス・ラミス　●マガジンハウス

対象学年
4・5・6年生
●知識
●読書感想文

If the world were a village of 100 people
世界がもし100人の村だったら
池田香代子 再話　C.ダグラス・ラミス 対訳
もしもたくさんのわたし・たちが
この村を愛することを知ったなら
まだ間にあいます。
世界中を感動でつつんだ
インターネットの民話

アメリカの中学校の先生が生徒たちに送ったEメール、「世界を100人の村に縮小したらどうなるか」というメッセージを絵本仕立てにまとめた話題作です。世界には、衣食住に困る人、字を読むことができない人、言論の自由さえない人がいるという現実を、100人の村に縮小して換算した数字でわかりやすく知れ、世界や未来を考えるきっかけになります。

本好き親子隊 オススメ!

この本のシリーズには

●『世界がもし100人の村だったら』全5巻
●『日本がもし100人の村だったら』
(いずれもマガジンハウス)など

世界あちこち　ゆかいな家めぐり

屋根に目のある家
えんとつで息をする家
土のお城…。
きみだったら
どの家に住んでみたい？

●文・写真／小松義夫　●絵／西山晶　●福音館書店

世界の家の構造にワクワクします。ブロック好きの息子は、写真で見た家をブロックでまねて作っていました。

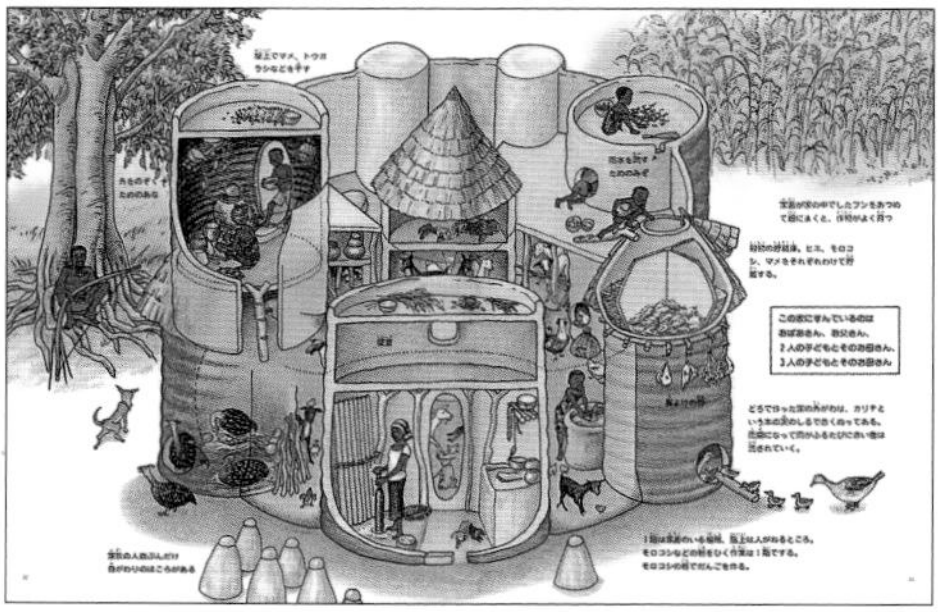

細かく描かれた家の中には動物の姿も。

本好き親子隊 オススメ！

小松義夫の写真で紹介する本には

- 『地球人記』
- 『地球生活記 世界ぐるりと家めぐり』（いずれも福音館書店）など

中国の「みんなで輪になってくらす家」、セネガルの「屋根がさかさまの家」、ボリビアの「どんぐりの形の家」など、世界10か所のユニークな家を紹介。

外観は美しい写真で、家の中は細かなイラストで描かれています。イラストには「女の人は、ひまさえあれば羊の毛をつむいでいる」などのコメントも記され、そこでの暮らしぶりが伝わってきます。どの家も自然環境や文化に適応した工夫がいっぱいで、その知恵にはびっくり。子どもが外国に興味を持つきっかけにもなる本です。

対象学年
全学年
●知識

世界でいちばん貧しい大統領のスピーチ

本当の幸せに気づかせてくれるムヒカ大統領の言葉。

●編／くさばよしみ　●絵／中川学　●汐文社

対象学年
3・4年生
● 絵本

南米ウルグアイの第40代大統領を務めたムヒカ大統領の愛称は「世界でいちばん貧しい大統領」。給料の9割を貧しい人たちに寄付し、農場で質素な生活を営むムヒカ大統領は、世界中の人々に「真の貧しさとは何か？」を問うた、伝説のスピーチを残しました。環境問題、持続可能な社会と向き合う私たちが気づくべき、社会の発展に大切な考え方を学べます。

本好き親子隊 オススメ！

ホセ・ムヒカについての本には
- 『世界でいちばん貧しい大統領からきみへ』(汐文社)
- 『ホセ・ムヒカと過ごした８日間　世界でいちばん貧しい大統領が見た日本』(汐文社)
- 『世界でもっとも貧しい大統領 ホセ・ムヒカの言葉』(双葉社)など

すごいね！ みんなの通学路

がんばって学校に行こう！と元気をもらえる一冊。

●文／ローズマリー・マカーニー　●訳／西田佳子　●西村書店

対象学年
2・3年生
● 絵本
● 読書感想文

学校に行くとき、みなさんはどうやって通学していますか？ 家から学校まで歩いたり、バスや電車に乗ったりとさまざまな方法がありますね。この本は、世界各国の子どもたちの通学風景を写真で紹介しています。ボートに乗って川を渡る子、空中のロープをたぐって通う子も！ 学ぶことを楽しみ、毎日けわしい通学路を通って学校に行く姿に勇気をもらえます。

本好き親子隊 オススメ！

この本のシリーズには
- 『男の子でもできること みんなの未来とねがい』
- 『私はどこで生きていけばいいの？』(いずれも西村書店)など

ローズマリー・マカーニーの本には
- 『マララさん こんにちは 世界でいちばん勇敢な少女へ』(西村書店)など

せかいいち うつくしい ぼくの村

平和を願わずにはいられない、本当のお話。
淡々と流れる日常の風景、
人々の暮らし、
そこには幸せがいっぱいつまってたのに…。

●作／小林豊　●ポプラ社

せかいいち うつくしい ぼくの村
小林 豊

ヤモの暮らすパグマンの村の春は毎年変わらずやってきます。

この物語を読んで、泣いてしまいました。戦争の「せ」の字も感じさせない村と人々の暮らし。最後の3行を除いては。

対象学年
3・4・5年生

● 絵本
● 読み聞かせ
● 読書感想文

お話は淡々と進みます。小さなヤモが戦争に行ったお兄さんのかわりにお父さんと市場へくだものを売りに行きます。ヤモの住む村や市場の人々の様子が生き生きと描かれていて、確かにそこには日常をたくましく生きている人々がいます。しかし、結末は…。びっくりすると同時に悲しく切ない気持ちが溢れ出てきます。「せかいいちうつくしいぼくの村」はどこなのでしょう。お話の中では国名は出てきません。最後に「この村を知りたいひとへ」の作者の言葉を読んで、この国名とこの物語の深さを知ります。

本好き親子隊 オススメ！

小林豊の本には

- 『クラウディアのいのり』（ポプラ社）
- 『せかいいちうつくしい村へかえる』（ポプラ社）
- 『ぼくの村にサーカスがきた』（ポプラ社）
- 『ぼくの村にジェムレがおりた』（理論社）
- 『ぼくは弟とあるいた』（岩崎書店）
- 『ぼくと弟はあるきつづける』（岩崎書店）など

マヤの一生

動物との交流を通して戦争の痛ましさを伝える。

●作／椋鳩十　●大日本図書

対象学年
4・5・6年生
●読み物
●読書感想文

家族の一員としてかわいがられて暮らす犬のマヤ。ところが戦争により食料が不足する中で、「犬を飼うなんて贅沢だ」と町の人たちは犬を差し出すように求めます。戦争によって引き裂かれる家族とマヤ…。物語のクライマックスは衝撃的で強く胸を打ちます。

鋭い観察で描かれた動物と人間の交流を通して、戦争の残酷さを考えさせられます。

本好き親子隊 オススメ！

椋鳩十の本には

- 『片耳の大シカ』（偕成社）
- 『大造じいさんとガン』（偕成社）
- 『月の輪グマ』（小峰書店）
- 『椋鳩十のシカ物語』（理論社）など

チロヌップのきつね

戦争がもたらした哀しみの深さを知る絵本。

●文・絵／たかはしひろゆき　●金の星社

対象学年
2・3年生
●絵本
●読書感想文

北の島で生まれた2匹のこぎつねは、両親と穏やかに暮らしていました。しかし、戦争の余波がこの親子にも襲いかかり、ぼうやぎつね、父ぎつねは銃で撃たれ、ちびこぎつねは人間のしかけた罠にかかってしまいます。母ぎつねは傷ついた足で、身動きできないちびこぎつねにえさを運び続けるのですが…。戦争がもたらした哀しい運命。心にずんと響くお話。

本好き親子隊 オススメ！

この本のシリーズには

- 『チロヌップのにじ』
- 『チロヌップの子 さくら』
- 『ものがたり チロヌップのきつね』（いずれも金の星社）など

たかはしひろゆきの本には

- 『八郎太』（岩崎書店）など

一つの花

平和の願い、幸せの祈りがこめられた一冊。

●文／今西祐行　●絵／鈴木義治　●ポプラ社

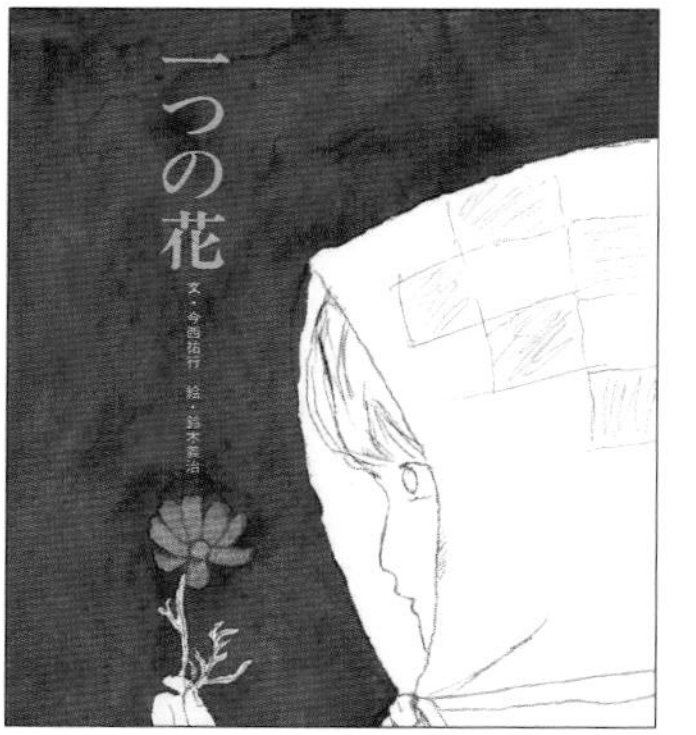

対象学年
3・4年生
●
読み物
●
読み聞かせ

長く教科書にも載っているお話。戦争で悲惨な情景が思い浮かぶようなシーンはひとつもないけれど、戦争のやるせなさ、平和への願いがひしひしと伝わってくる作品です。いろいろなものに恵まれて育ったいまの子どもには想像もつかない時代かもしれません。しかし、決して特別な話ではないのです。短いお話でもありますので、読み聞かせにも向いています。

本好き親子隊 オススメ！

平和をテーマにした本には
- 『ガラスのうさぎ』(金の星社)
- 『ことりになったエノキ』(新日本出版社)
- 『白旗の少女』(講談社)
- 『ちいちゃんのかげおくり』(あかね書房)
- 『ぼくは弟とあるいた』(岩崎書店)など

かわいそうなぞう

戦争の犠牲となった動物園のぞうの本当にあったお話。

●文／つちやゆきお　●絵／たけべもといちろう　●金の星社

対象学年
1・2・3年生
●
絵本
●
読み聞かせ
●
読書感想文

戦争の犠牲になったぞうを通して、戦争の悲惨さを訴えた名作。東京大空襲のさなか、上野動物園では「動物園が爆撃されて動物たちが暴れ出したら大変」と、動物たちが次々と殺されます。そしてついに3頭のぞうたちに順番が。日に日に弱っていくぞうが、最期の瞬間まで芸をする姿に涙がこぼれます。この先も語り伝えていきたい、本当にあった物語です。

本好き親子隊 オススメ！

戦争と動物をテーマにした本には
- 『おれはなにわのライオンや』(文溪堂)
- 『そして、トンキーもしんだ』(国土社)など

マレスケの虹

日本とアメリカの間で揺れ動く14歳の少年マレスケの葛藤。

●作／森川成美 ●小峰書店

対象学年
5・6年生
●読み物
●読書感想文

アメリカ・ハワイ島で、よろず屋を営む祖父のもとで育った日系二世の少年マレスケ。貧しいながらも平和な日々を送っていましたが、1941年12月、日本軍による真珠湾攻撃によって日本と米英の戦争が始まります。日本人の祖先をもち、アメリカで生まれ育ったマレスケの苦悩、日系人への理不尽な扱いに、国籍や血筋とは何かを考えさせられます。

本好き親子隊 オススメ！

森川成美の本には
- 『アサギをよぶ声』シリーズ（偕成社）
- 『フラフラデイズ』（文研出版）
- 『福島の花さかじいさん』（佼成出版社）など

タンポポ あの日をわすれないで

被災者の心を勇気づける小さいけれど強い希望の花。

●作／光丘真理 ●絵／山本省三 ●文研出版

対象学年
1・2年生
●絵本

東日本大震災の被災の様子や、被災した人たちが笑顔を取り戻していく姿を、やさしい言葉とイラストで描いています。この本の作者も、故郷である宮城県を取材中に被災しました。避難所の校庭に咲くタンポポに目を止め、子どもたちが元気になるようにとこの本を作ったそうです。希望をのせ、綿毛となって飛んでいくタンポポの姿に心が温まります。

本好き親子隊 オススメ！

光丘真理の本には
- 『国境なき医師団 世界に医療を届ける団体』（Gakken）
- 『ながれぼしのランドセル』（フレーベル館）
- 『あいたい』（文研出版）など

聞かせて、おじいちゃん

私たちが忘れてはならない「原爆投下」のあの日のこと。

●著／横田明子 ●監修／山田朗 ●国土社

対象学年
5・6年生
●読み物
●読書感想文

本好き親子隊 オススメ！
横田明子の本には
●『野村路子とテレジン収容所 強制収容所を伝える作家』(Gakken)
●『あしたの笑顔』(あかね書房)など

「自由研究のために原爆のことを話してほしい」そう孫に頼まれたおじいちゃんは、59年間、思い出すことを避けてきた広島での被爆体験を語り出す…。原爆の語り部である森政忠雄さんが小学6年生の時に体験した実話です。少年だった森政さんの壮絶な体験を読んで、みなさんは何を感じるでしょうか。二度と原爆の被害者を出さないためのメッセージです。

みどりのゆび

読者の心をも幸せにするチト少年のふしぎな力。

●作／モーリス・ドリュオン ●訳／安東次男 ●岩波書店

対象学年
4・5・6年生
●読み物
●読書感想文

本好き親子隊 オススメ！
世界の平和を考える本には
●『へいわって どんなこと？』(童心社)
●『へいわってすてきだね』(ブロンズ新社)
●『せかいでいちばんつよい国』(光村教育図書)
●『そらいろ男爵』(主婦の友社)など

裕福な家庭で、両親に愛されて育ったチト少年は、触れると花を咲かせることができる「みどりのゆび」をもっています。刑務所や病院にいる人たちの悲しみ、苦しみを見ては花や植物で希望を与えるチト少年でしたが、ある日、お父さんが兵器を作る人だと気づき…。戦争、生と死、幸せについての話を詩的につづった、読むたびにさまざまな感想を抱く本です。

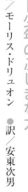

ひとまねこざる

●文・絵／H. A. レイ ●訳／光吉夏弥 ●岩波書店

ジャングル育ちの好奇心旺盛なジョージが都会に来て…。『おさるのジョージ』の原案。

ちいさいおうち

●文・絵／バージニア・リー・バートン ●訳／石井桃子 ●岩波書店

自然や子どもたちの笑い声を通して、本当に大切なものを伝えてくれる傑作絵本。

銀の匙

●作／中勘助 ●絵／尾崎智美 ●ポプラ社

著者の幼少期の半自伝的小説。細やかな情景描写がすばらしく、じっくり読みたい一冊。

まほうの馬

●文／A・トルストイ M・ブラートフ ●訳／高杉一郎、田中泰子 ●岩波書店

幻想と生活の知恵にみちたロシア民話の中から、有名な12話が収掲されています。

ふしぎなかぎばあさん

●作／手島悠介 ●絵／岡本颯子 ●岩崎書店

算数のテスト結果が悪く、落ち込む広一。家に帰ろうとしますが鍵が見当たらず…。

きまぐれロボット

●作／星新一 ●絵／和田誠 ●理論社

ショートショートという分野を開拓した星新一のSF短編が31話収録されています。

じゅげむ

●作／川端誠 ●クレヨンハウス

落語ならではの言葉のリズムやテンポのよさが心地よく、読み聞かせにも最適です。

じごくのそうべえ

●作／たじまゆきひこ ●童心社

こらしめられそうになっても、特技をいかして難を乗り越えるところにこそ注目したい。

書名でひける INDEX

あ

か

Staff
イラスト● Yumika
デザイン● Niko Works
小幡倫之
佐久間雅一

出田莉菜
編集● Niko Works
いしびき きょうこ
太田菜津美
永塚晶子
山田治奈
よしだ えり

山本初美

カバーデザイン● 坂本真一郎（クオルデザイン）
カバーイラスト● サカモトアキコ

制作● Niko Works

※本書は2012年発行の『小学生が大好きになる 楽しい子どもの本ベスト200』を元に改訂したものです。

大好きな本と出合う！ 小学生のための読書案内
世界が広がる&ココロが豊かになる250冊

2024年 7月30日 第1版・第1刷発行

監 修 山本 省三（やまもと しょうぞう）
発行者 株式会社メイツユニバーサルコンテンツ
代表者 大羽 孝志
〒102-0093東京都千代田区平河町一丁目1-8
印 刷 シナノ印刷株式会社

 ISBN978-4-7804-2926-8 C8030 Printed in Japan.

ご意見・ご感想はホームページから承っております。
ウェブサイト https://www.mates-publishing.co.jp/

企画担当：折居かおる